I0117702

Carl Boeddeker

Über die formelle und begriffliche Entwickelung der

französischen Präpositionen od, avec, avant, devant, hors,

dehors

Carl Boeddeker

Über die formelle und begriffliche Entwickelung der französischen Präpositionen od, avec, avant, devant, hors, dehors

ISBN/EAN: 9783337320232

Hergestellt in Europa, USA, Kanada, Australien, Japan

Cover: Foto ©Thomas Meinert / pixelio.de

Weitere Bücher finden Sie auf **www.hansebooks.com**

Ueber

die

formelle und begriffliche Entwickelung

der

französischen Präpositionen

od; avec; avant, devant; hors, dehors.

Inaugural-Dissertation

von

Carl Boeddeker.

Braunschweig.
1870.

Ueber die formelle und begriffliche Entwicklung der französischen Präpositionen.

In den nachfolgenden Abhandlungen über die einzelnen Präpositionen und präpositionalen Verbindungen der französischen Sprache soll gezeigt werden, wie dieselben im Verlaufe der Entwicklung der Sprache allmälig zu ihrer heutigen Form und Gebrauchsweise gelangt sind. Vom Ende des 4. Jahrhunderts ab (Prosper Aquitanus) ist die Bedeutung der — theilweise erst später — in der Vulgärsprache Galliens als Präpositionen erscheinenden Formen festgestellt. Die Veränderungen, welche, wie die Sprache beweist, mit denselben nach und nach vorgingen, sind auf ihre thatsächlichen Ursachen zurückgeführt worden, wie: Gegenseitigen Einfluss der verschiedenen Dialekte des Altfranzösischen; irrthümliche Anlehnung einer präpositionalen Form an ein anderes Wort und daraus entstandenes Misverständniss ihrer Bedeutung; das neue Bedürfniss der — auch besonders in Hinsicht auf die in ihr auszudrückenden Ideen — veränderten Sprache und die in Folge dessen nach gewissen Seiten hin erweiterte Gebrauchsweise einer Präposition; die Bedeutung der als Präposition gebrauchten Form als Redetheil für die in Betracht kommende Sprachperiode; den wesentlichen Charakter der Reform, welche in der betreffenden Epoche mit der Sprache vorgenommen wurde, und endlich die Willkür, mit welcher ihrem eigentlichen Wesen, ihrer Grundbedeutung nach gänzlich unverstandenen präpositionalen Formen bestimmte Gebrauchssphären angewiesen wurden.

Bei Erscheinungen, die an sich nicht eben natürlich und selbstverständlich sind, hat der Verfasser zum Belege seiner Ansicht Analogien aus anderen Sprachen herangezogen. Besonders ist mehrfach die Verwendung der provenzalischen Präpositionen verglichen worden, da das Provenzalische in Betreff seiner präpositionalen Bildungen sich — im Gegensatze zu den übrigen romanischen Sprachen — dem Altfranzösischen in den meisten Punkten durchaus analog verhält. Leider hat die eigentliche Volkssprache Galliens in dem Zeitraum vom 4. bis 9. Jahrhundert kein Denkmal hinterlassen, und so fehlt uns ein gutes Stück, um den Verlauf der Entwicklung des Altfranzösischen aus dem Latein in allen seinen Momenten verfolgen zu können. Die Werke, welche in obiger Periode von gallischen Autoren verfasst wurden, sind in lateinischer Sprache geschrieben. Nur hie und da begegnet es den Schriftstellern, dass sie, von der Sprachweise des Volkes verführt, falsche Wortformen oder, was häufiger ist, richtige Wortformen in unlateinischer Bedeutung verwenden. Derartige Vorkommnisse lassen uns einen Blick in die Vulgärsprache werfen, und mit diesen Blicken müssen wir uns hinsichtlich der Kenntniss der Vulgärsprache, der eigentlichen Schöpferin der romanischen Sprachen, begnügen. Aber nicht alle Schriftsteller Galliens in jenem Zeitraume sind dem Zwecke der Erforschung der Sprachweise des Volkes ihrer Zeit gleich dienlich. Die einen haben eine schulgerechte Durchbildung genossen und lassen sich Verstösse gegen die Regeln des guten Latein selten zu Schulden kommen. Anderen fehlt diese, und im täglichen Verkehre mit dem Volk gewöhnen sie sich an Ausdrucksweisen, deren sie sich auch in ihren lateinischen Schriften nicht ganz erwehren können. Besonders gilt dies von dem Gebrauch der Präpositionen, so das für die nachfolgenden Abhandlungen das wesentlichste Material fast vollständig in ihnen gefunden werden konnte.

Zur Feststellung der Art und Weise, wie die gallische Volkssprache vor dem 9. Jahrhundert dié Präpositionen verwandte, sind folgende Werke benutzt.

1. Das Chronicon von Prosper Aquitamus, abgefasst am Ende des 4. Jahrhunderts. Dasselbe zeigt in grammatischer und orthographischer Hinsicht mehr Abweichendes vom guten Latein, es hat schon eine stärkere Tendenz nach dem Romanischen hin, als die Werke manches späteren Schriftstellers. Zwar lässt auch Prosper bisweilen das Streben erkennen, durch gekünstelte Constructionen seinem Stile eine klassische Färbung zu geben, aber im Ganzen selten. Auch sind

derartige Constructionen bei ihm steif und unbeholfen, weil er ohne
Zweifel keine schulmässige Durchbildung genossen hatte. — Er lebte
in Aquitanien; seine sprachlichen Eigenthümlichkeiten gehören daher
specieller dem Idiome an, aus welchem heraus sich das Provenzalische
entwickelte.   Doch können wir die Gebrauchsweise der Präpositionen
bei ihm als geltend für die Volkssprache Galliens überhaupt ansehen,
da die altfranzösische und die provenzalische in Hinsicht ihrer präpositionalen Bildungen, wie schon oben erwähnt, als zusammengehörig
den anderen romanischen Sprachen gegenüberstehen. — Ausgabe Ron-
callius: Vetustiora latinorum scriptorum chronica.

2.   Apollinaris Sidonius (A. S. epistolae et opera, Pariser Ausgabe von 1609), dem 5. Jahrhundert angehörig, gest. 484 als Bischof
zu Clermont in der Auvergne, repräsentirt den gekünstelten Stil der
Gelehrtenschulen.   Lange, verwickelte Perioden, die allerdings selten
ohne eine gewisse Eleganz und einen freilich zu gesuchten Redeschwung
sind, sollten den Stil des Gelehrten von der verderbten Sprache des Volkes,
das sich natürlich sehr einfach ausdrückte, unterscheiden.   Gegen die
lateinische Grammatik verstösst er selten, weshalb der Gebrauch der
Präpositionen bei ihm im Ganzen den Regeln des klassischen Latein
angemessen ist.

3.   Dasselbe hinsichtlich des Stiles gilt von Venantius Fortu-
natus (Ausgabe Fabricius: Corp. Poett. Christ.), gestorben zu Anfang
des 7. Jahrhunderts als Bischof von Poitiers.   „Noch in den alten
Rhetorenschulen gebildet, ist er einer der letzten Repräsentanten jener
erkünstelten Schulgelehrsamkeit." Wattenbach, Deutschlands Geschichts-
quellen im Mittelalter.

4.   Anders schrieb Gregorius Turonensis (Greg. Tur. historia
ecclesiastica Francorum, im Patrologiae cursus von Migne).   Er besass
nicht jene grammatische und stilistische Durchbildung, und fühlte sehr
wohl, wie leicht bei ihm ein Verstoss gegen die gute Schreibweise
vorkommen konnte.   Daher bittet er im Anfange seiner hist. eccles.
den Leser, etwaige Vorkommnisse dieser Art zu verzeihen: Sed prius
veniam a legentibus precor, si aut in litteris, aut in syllabis gramma-
ticam artem excessero, de qua adplane non sum imbutus.   Er war sich
mithin der Macht bewusst, welche die Vulgärsprache auf seinen Stil
ausübte.   Daher ist es leicht erklärlich, dass wir bei ihm häufiger
Anklänge an volksthümliche, dem guten Latein unbekannte Wortformen und Redeweisen, an romanische Elemente finden.

11*

5. Das Chronicon, welches unter dem Namen von Fredegarius bekannt ist (im Patrologiae cursus hinter Greg. Tur. hist. eccles. Franc.) und dem 7. Jahrhundert angehört, enthält ein barbarisches Latein. „Entschieden falsch ist es, wenn man diese Sprache als die des romanischen Volkes bezeichnet; sie kann nie gesprochen worden sein. Alle Flexionsendungen sind nämlich darin vorhanden, sie werden aber nur noch aus Convenienz gebraucht, da dass Gefühl für ihre Bedeutung sich gänzlich verloren hat," so urtheilt Wattenbach sehr richtig über seine Sprache. Da Fredegars Kenntniss des Lateinischen unglaublich gering war, so ist es natürlich, das wir hinsichtlich des Stiles, besonders hinsichtlich des Gebrauches der Präpositionen bei ihm eine grosse Verwandtschaft mit der Volkssprache anzunehmen haben.

6. Richer lebte und schrieb in der zweiten Hälften des 10. Jahrhunderts. Das Nähere über ihn siehe unter der Abhandlung über die Präposition Od.

Die meisten altfranzösischen Beispiele sind in der „Chrestomathie de l'ancien français" von Bartsch zu finden. Bei sonstigen Citaten ist jedesmal der Ort angegeben, wo dieselben stehen.

Einige der angeführten Beispiele sind aus Mätzner's „Syntax der neufranzösischen Sprache" entnommen. Wo dies geschehen, ist es jedesmal bezeichnet worden.

Abkürzungen,
welche für alle nachfolgenden Abhandlungen gelten.

Ac. == Dictionnaire de l'Académie.
Ad. Boç. == Adans de la Halle ou Adans li Boçus.
Al. Chart. — Alain Chartier.
L'Al. d'Alb. == L'Alexandre d'Alberic de Besançon.
Auc. et Nic. — Aucasin et Nicolete.
B. d. S. == Bauduin de Seboure.
B. d. Sap. == Herman de Valenciennes, la bible de sapience.
Bern. == Bernier, la hauce partie.
Bible G. == La bible Guiot.
Brut == Wace, le Roman de Brut.
C. d. Const. == Joffroi de Villehardoin, la conqueste de Constantinople.
C d. G. == Chrestiens de Troies, conte del graal.
Cent nouv. == Les cent nouvelles nouvelles.
C. Hab. == Traduction du canticum Habbaccuc.
Chât. C. — Châtelain de Coucy, chansons.
Chev. L. == Chrestiens de Troies, li chevaliers dou lyon.
Chr. d. P. == Christine de Pisan.

Cleom. = Adenés le Roi, Cleomades.
Com. = Philippe de Comines, mémoires.
C. d. tr. = Le combat de trente Bretons contre trente Anglois.
Corn. = Pierre Corneille. Pol. Mél. u. s. w. bezeichnen die Werke, deren
    Benennung mit diesen Buchstaben beginnt.
Fl. et Bl. = Floire et Blanceflor.
Frag. = Fragment d'une homélie sur le prophète Jonas.
Fr. V. = François Villon.
G. Brul. = Gaces Brulez, chansons.
G. d'Eng. = Chrestiens de Troies, Guillaume d'Engleterre.
G. de Mach. = Guillaume de Machau.
G. d'Or. = Guillaume d'Orenge.
L. d. Chev = Lais dou chievrefuel.
L. d. G. = Lois de Guillaume le Conquérant.
L. d. R. = Les quatre livres des Rois.
M. d'Ad. = Mystère d'Adam.
M. d. P. = Mistere de la passion de nostre seigneur.
Pass. = Passion du Christ.
Past. = Pastourelles.
Perc. = Perceforest.
Ph. d. Th. = Bestiaire des Philippe de Thaun.
Ps. = Ancienne traduction des psaumes.
Rab. = Rabelais; G. Gargantua.
Rac. = Racine. Uebrigens siehe Corn.
Ren. = Roman de Renart.
Ren. Cont. = Renart le contrefait.
R. d'Al. = Roman d'Alixandre.
R. d. En. = Beneoit de Sainte More, roman d'Eneas.
R. d. S. = Romance des deux soeurs.
R. d. Tr. = Roman de Tristan.
Rol. = Chanson de Roland.
Rose = Guillaume de Lorris, roman de la rose.
Rou = Wace, roman de Rou.
J. J. Rouss. = J. J. Rousseau, Confessions.
Rust. = Rustebués.
St. B. = Traduction d'un sermon de saint Bernard.
Tr. = Tristan.
Troie = Beneoit de Sainte More, roman de Troie.
Alle anderweitigen Abkürzungen bedürfen weiter keiner Erklärung.

Die altfranzösische Präposition Od.

I. Begriffliche Entwicklung von apud.

Welche Entwickelung nahm in der französischen Sprache die lateinische Präposition apud? Wie verhalten sich die aus ihr entstandenen Formen in den verschiedenen Perioden der altfranzösischen Sprache formell und begrifflich zu den dem alten ad entsprechenden präpositionalen Formen? Wie erklärt sich das allmälige Verschwinden der ersteren? Wenngleich wir keine Denkmäler der eigentlichen Vulgärsprache Galliens vor dem 9. Jahrhundert besitzen, also keine Denk-

mäler, welche die Lücke zwischen dem Latein und der langue romane
ausfüllen (die Autoren des Mittellatein enthalten blos einzelne Anklänge
an die Volkssprache, die eigentliche Quelle des Romanischen), so können wir dennoch das lateinische apud neben dem lateinischen ad resp.
mit demselben vereinigt aus dem Latein heraus bis in die heutige
Sprache Frankreichs verfolgen.

In der Volkssprache Galliens wurde die Präposition apud begrifflich erweitert, indem sie zur Bezeichnung des Ortes angewandt wurde,
an welchem sich ein Gegenstand im Zustande des Verharrens befindet,
oder an welchem eine Thätigkeit vor sich geht; sie verlor mithin den
speciellen Begriff der Nähe, des Nebeneinander und wurde allgemeine
Bezeichnung des örtlichen Wo? ohne die unseren in, auf u. s. w. bei-
wohnenden, besonderen Beziehungen zu enthalten. Besonders beliebt war
sie in dieser Bedeutung vor Städtenamen. Den Beweis hierfür liefern
die von der Volkssprache beeinflussten Schriftsteller Galliens. Alexan-
der apud Babylonem moritur Prosp. Aquit. 540. Otto apud Bebriacum
propria manu occubuit, id. 567. Vespasianus apud Judaeam ab exer-
citu imperator appellatus . . . , id. 567, synodus patrum apud Constan-
tinopolim celebrata est, id. 637. Apud Babyloniam regnabat Nebucho-
donosor Greg. Tur. I. 170. Apud Parisios obiit, id. II, 240. u. s. w.

Dieselbe Beziehung drückt bei diesen Schriftstellern auch die Präposition ad aus. Ad civitatem (Stadt) Suessonas sedem habebat Gregor.
Tur. II, 222.   Eine Menge weiterer Beispiele siehe unter à.

Wahrscheinlich giugen die Verallgemeinerungen der Begriffe von
apud und ad Hand in Hand und ergaben sich zum Theil aus der
Formverwandtschaft beider. Obige Schriftsteller geben uns ohne Zweifel nicht die Volkssprache; sie schreiben Latein und wollen Latein
schreiben, sind aber hinsichtlich ihres Stiles, seltener hinsichtlich ihrer
Formen von dem Sprachgebrauch des Volkes beeinflusst.   Sei es nun,
dass letzteres aus apud die Form áud gebildet hatte (vgl. sapuit —
sáut — sot), sei es dass man, wie es für die Sprache des südlichen
Frankreich sicher anzunehmen ist, diese Präposition schon im 5. Jahrhundert zur Form ab verkürzt hatte, — jede dieser beiden präpositionalen Formen konnte in der gänzlich unfixirten, durchaus sich
selbst überlassenen Volkssprache mit ad sehr leicht verwechselt werden,
um so leichter, je mehr man das Vorbild apud aus den Augen verlor.
Aud konnte leicht als lautliche Diphthongirung von ad erscheinen, da
diphthongirte Formen desselben Wortes neben nicht diphthongirten auch

späterhin noch denselben Dialecten der altfranzösischen Sprache geläufig waren. Andererseits war der Wechsel der mutae gleicher Lautstufe ab — ad der Sprache ebenfalls nicht fremd, am wenigsten in ihrer Bildungsperiode, wo diese Permutation vor sich ging, wo Wortformen desselben Urwortes mit verschiedenen Consonanten in der Sprache üblich waren. Letzterer Umstand, dass nämlich das eine Wort mit b, das andere mit d geschrieben war, konnte aber desshalb kaum hinreichen, ein Ineinandergreifen beider hinsichtlich ihrer Gebrauchsweisen zu verhindern, weil diese Buchstaben im Auslaute einer Präposition standen, die als solche in der fliessenden Rede sich unbetont, gleichsam als Präfix, an das folgende Wort anschloss und in Folge dessen ihren Endconsonanten nur schwach und wenig markirt vernehmen liess. So also hatte ad mit der für die Volkssprache aus Analogien zu erschliessenden Form und apud (áud oder ab) viel Verwandtes; und dieser Umstand muss mit in Erwägung gezogen werden, um zu begreifen, wie beide sich in Hinsicht ihrer Bedeutung zum Theil assimiliren konnten.

Zunächst also, und dieses ist an sich begreiflich, wurden apud und ad in ihrer ursprünglichen räumlichen Bedeutung nach gleicher Richtung hin erweitert. Beide antworten schon früh, ohne dass ein Unterschied zwischen ihnen besteht, auf die Frage wo? In dieser einen Beziehung collidiren die beiden Präpositionen begrifflich also schon früh. Daneben hatte natürlich jede noch ihre besonderen Bedeutungen.

Die Präposition apud unterlag allmälig einer neuen begrifflichen Modification. An die in apud enthaltene Idee des Beieinander, des Nebeneinander konnte sich leicht die des Miteinander, der Gesellschaft anschliessen. Die Präposition cum konnte auf französischem Boden nicht zu einer eigenen präpositionalen Bildung verwandt werden. Die Form, welche aus ihr hätte entstehen müssen, würde mit der des Relativ- und Interrogativ-Pronomens zusammengefallen sein. Man bediente sich zum Ausdrucke der speciellen Idee der Gemeinschaft, da ein eigenthümliches Sprachmittel fehlte, der allgemeinen Präposition der Nähe überhaupt. Wahrscheinlich wird dies erst geschehen sein nach dem Verschwinden von cum aus der Vulgärsprache, welches seinerseits seinen Grund nur in dem Zusammenfallen der ihr entsprechenden Form mit dem Relativpronomen haben konnte. Als dies geschah, musste sich die Sprache in lautlicher Hinsicht schon bedeutend vom Latein entfernt haben, und es ist daher erklärlich, wenn wir erst bei Frede-

garius die Präposition apud zur Bezeichnung der Gemeinschaft antreffen: Domina mea regina tua Gundeberga apud Tasonem ducem secre-
tius tribus diebus locuta est, 629.

Anmerkung. Der Analogie wegen möge auch Richerus (10. Jahrh.)
Verfasser von Historiarum (sc. regum Francorum et episcoporum) libri IV.
hier angeführt werden. Auch er gebraucht, entschieden unter dem Einflusse
der Volkssprache seiner Zeit, der nunmehr der Forschung unmittelbar zu-
gänglichen langue roman, apud an Stelle des alten cum. Sein Stil ist in
so fern interessant, als der Vergleich desselben mit der Volkssprache uns
einen Einblick gestattet in die Art und Weise, wie das Volksidiom die
Schreibweise der lateinischen Autoren beeinflusste. Plurimum de communi-
bus omnium causis apud optimates pertractans I, 12. De Caroli promotione
in regnum apud Belgas tractabat ibid. His favent omnes paene ex Celtica et
de patrando facinore apud tyrannum conjurant I, 21. Ubi cum apud principes
rempublicam consuleret . . . . . I, 49. Exceptusque ab Arnulfo, regionis
illius principe apud eum de oppidi erectione agebat. II, 8 u. s. w. — Daneben gebrauchen diese Schriftsteller natürlich cum; für sie wie in der
Kirchensprache war diese Präposition nicht verschwunden. Wo es sich um
eine mit Bewegung verbundene Begleitung handelt, war ihnen das volksthümliche apud (áud, ad) zu anstössig; hier wenden sie nur cum an.

Die englische Sprache liefert uns eine Analogie für den Ueber-
gang des Begriffes „bei" in den Begriff „mit". Die englische Präposition with ist eigentlich dasselbe Wort mit wider und wieder. Dies
ging zunächst in die Bedeutung apud über: ags. und altfries. with oder
wither gegen, bei; dän. ved, schwed. vid bei, neben. S. d. engl. Grammatik von Bernhard Schmitz. Wenn nun auch die Verdrängung des
noch im Altenglischen vorhandenen mid durch with auf einer Verwechselung beruht, so kann der Grund derselben nicht blos in der
Formverwandtschaft beider gesucht werden. Die begriffliche Verwandtschaft beider präpositionalen Formen musste hinzukommen, um
diese Erscheinung zu ermöglichen.

An die Beziehung der Begleitung schlossen sich nun verschiedene
verwandte an, welche in den meisten Sprachen durch die Präposition
der Begleitung ausgedrückt werden. Auf diese Weise war die dem
lateinischen apud entsprechende Form allmälig zu folgenden Bedeutungen gelangt: 1) sie drückte die Beziehung der lateinischen Urform aus,
2) sie bezeichnete den Ort, an welchem ein Gegenstand sich befindet
oder eine Thätigkeit vor sich geht. — In dieser Bedeutung, in welcher
dieselbe vor dem 9. Jahrhundert sehr häufig angetroffen wird, finden
wir diese Präposition in ihrer veränderten Gestalt nach dieser Zeit,

d. h. in den ältesten altfranzösischen Denkmälern schon nicht mehr. Der Process, welcher die Bedeutungen von apud auf ad übertrug, war, wie in Nachfolgendem näher gezeigt werden wird, ein allmälig fortschreitender. Die Darstellung dieses Verhältnisses, zu welcher ad an sich schon wohl geeignet war (vgl. unser zu Hause, zu Lande, zu Wasser), hatte schon vor dem Beginn der eigentlich französischen Sprache ad allein übernommen. 3) Sie bezeichnete die Begleitung, entsprach also dem lateinischen „cum," unserm „mit". Aus dieser Bedeutung gingen drei nahe verwandte unmittelbar hervor. Die Form für apud bezieht sich nämlich 4) auf den die Haupthandlung begleitenden Umstand, 5) auf das unterscheidende, kennzeichnende Merkmal eines Gegenstandes, meistens einer Person und 6) auf das zu einer Handlung dienende Mittel oder Werkzeug.

Dass diese Beziehungen sich am besten durch die Präposition der Begleitung darstellen liessen, ist leicht einzusehen; wir gebrauchen in derselben Weise unser mit, der Engländer sein with. — Alle diese Bedeutungen entwickelten sich aus dem Begriffe des lateinischen apud. Ausserdem wurde in der Verwirrung, welche zwischen ad und apud eintrat, auf Letzteres, d. h. auf die Form, in welcher die Sprache letzteres besass, auch 7) die eigentlichste, ursprünglichste Bedeutung von ad, die Beziehung auf das Ziel übertragen.

Anmerkung. Die entsprechende provenzalische Präposition ab hatte vorwiegend die Begleitung und die mit derselben verwandten Verhältnisse auszudrücken. Dass dies ab dem provenzalischen a (ad) gegenüber seine individuelle Selbständigkeit besser bewahrte, als die entsprechende Form od der Schwestersprache, hatte theils wohl seinen Grund darin, dass es das einzige Sprachmittel zum Ausdrucke der Begleitung war, ihm also in dieser Bedeutung eine eigenthümliche, gesonderte und enger begränzte Sphäre zukam; theils darin, dass sich die provenzalische Sprache in orthographischer und syntactischer Beziehung früh fixirte, ja sogar schon früh eine gelehrte Behandlungsweise erfuhr. Einige Beispiele aus den ältesten provenzalischen Denkmälern mögen seinen Gebrauch darthun: eu (= il) lo chastia ta be ab so samo, Poème sur Boëce 2, 20. Pur l'una fremna qui vers la terra pent no comprari'om ab mil liuras d'argent, ib. 5, 41. ella ab Boeci parlet ta dolzament, ib. 5, 43; quora ques vol, ab aquel fog l'encent (verbrennt ihn mit jenem Feuer) 7, 7; ab els societat non auran a lor prod d'aquels qui o faran ni al dan Adonis fil, 7, 19; e estérzer ab la tóalia de que éra céins, Traduction de l'Évangile de St. Jean 8, 29 (Bartsch, Chrestomathie provençale).

Bis gegen das Ende des 11. Jahrhunderts übertrug das Sprachbewusstsein die angeführten Beziehungen auf od, die nunmehr allge-

mein übliche Form für apud, als eigenthümliche, für sich bestehende
Präposition; daneben stellte es dieselben auch durch das lautlich und,
wie wir gesehen haben, schon früh in einer Beziehung begrifflich verwandte ad (a) dar. Um diese Zeit tritt ein neues Stadium in dem
Verhalten von od gegenüber ad (a) ein, und zwar wiederum zu Gunsten
des letzteren. Waren bis dahin od und a für das Sprachgefühl zwei
getrennte Präpositionen gewesen, die wegen ihrer formellen und begrifflichen Verwandtschaft, zum Theil auch wohl in Folge der Vorliebe
der Sprache für a, in ihren Gebrauchsweisen theilweise zusammen-
fielen, in so fern vornehmlich a auch in den Bedeutungen von od erscheinen konnte, so sah man jetzt allmälig in letzterem eine in
gewissen Verbindungen übliche Nebenform von a. Die Verwendung
von od beweist dies deutlich; z. B. Od espee á lance e á escu, L. d.
R. 48, 15. Sobald od diese Geltung angenommen hatte, führte das
natürliche Gefühl für die Harmonie in den sprachlichen Formen dahin
auch in formeller Hinsicht die Nebenform od nach der Analogie der
Hauptform ad zu behandeln. Man bedenke, dass man sich noch bis
ins 16. Jahrhundert hinein vor Vocalen bisweilen der Form ad
neben a bediente; im 11. und 12. Jahrhundert kannte man ad neben
a noch allgemein. Derselbe Process, welcher der Präposition ad das
auslautende d nahm, musste nun auch od desselben Consonanten be-
rauben.

    Anmerkung. Dieser Ausfall konnte um so leichter vor sich gehen,
als einsilbige Präpositionen überhaupt vor nachfolgendem Artikel ihren Endconsonanten bisweilen einbüssten. Folgendes provenzalische Beispiel zeigt
diese Erscheinung in Bezug auf ab recht anschaulich: ab els societat non
auran a lor prod d'aquels qui o faran ni al dun Adonis fil 7, 19. Für das
altfranzösische od sind mir keine Beispiele dieser Art bekannt. Ueberhaupt
befolgte das Altfranzösische es nicht so sehr als rigoristische Vorschrift,
den bestimmten Artikel in dieser Weise an einsilbige Präpositionen anzu-
schliessen, wie die provenzalische Sprache; es kannte jedoch diese Art der
Contraction sehr wohl und mag sie bei od in der fliessenden Rede häufig
genug angewandt haben.

    So also wurde die Form o geschaffen und nach Analogie des
Verhältnisses von a zu ad für die richtigere und angemessenere Darstellung der Secundärform genommen, welche für letztere Präposition
in gewissen Fällen eintreten konnte. Dass auch später noch od neben
o erscheint, darf nicht Wunder nehmen; existirte ja auch noch ad neben
a. — Ihrerseits trug nun die Form o wiederum dazu bei, den Irrthum
in Hinsicht der Auffassung derselben als eine bisweilen gestattete Ab-

weichung in der Darstellung der Präposition a zu verstärken: o harpes et o gyges est la joie sonee — o cors et a buisines d'autre part est cornee, B. de S. 69, 23. Nur zum Zwecke des Wohllautes, der Abwechselung wegen, setzte der Dichter das eine Mal o, das andere Mal a, die für ihn sicher nur lautlich verschieden waren.

Vom 13. Jahrhundert ab wird o, die Nebenform von a immer seltener gebraucht. Die Beziehung der Begleitung übernimmt die in dieser Bedeutung schon früh neben od auftretende Composition aus apud und hoc, avoc, avec, avoec (siehe avec). Als Ausdruck der übrigen Bedeutungen von o erscheint nach und nach die reine üblichere Form a allein. Mit dem 15. Jahrhundert verschwindet die Präposition o gänzlich aus der Schriftsprache.

Nähere Betrachtung der einzelnen Gebrauchsweisen von od.

1. In der Bedeutung des lateinischen apud wurde od gebraucht, so lange es überhaupt in der Sprache vorhanden war. Primos didrai vos dels honors — quae il auuret ab duos seniors, V. d. L. 13, 22; ab se lo ting, ib. 14, 19; od les princes le fait sedeir, L. d. R. 44, 34; deu seit od tei, id. 47, 36; l'ura od sei, Brut 87, 7; o deu serez vus sans faillance — de egal bonté de egal puissance, Mist. ·d'Ad. 79, 5; od paisanz, od povre gent — perneit la nuit herbergement, L. d. Chev. 235, 33; od mun chen, od mun osteur — nus pessoie je chascun jur, Tristan 172, 40; ele remest seule o l'enfant, Fl. et Bl. 196, 34; son cuer a o soi s'anemie, Chev. au lion v. 1362 (Holland); que fusse lassus o toi, Auc. et Nic. 268, 28; tous trois vous prie, qu'o vous veuillez percher (placer) — l'ame du bon feu maistre Jehan Cotard, François Villon 437, 33.

Im 16. Jahrhundert ging diese Bedeutung ausschliesslich auf präpositionale Wendungen wie près de, auprès de, à côté de u. s. w. über.

2. Die oben unter 2) angegebene Bedeutung des mittellateinischen apud fällt für das Altfranzösische fort.

3. Od bezeichnet die enge Verbindung, das Beisammensein, die Begleitung in folgenden Beispielen: et ab Ludher nul plaid nunquam prindrei, Serm. 3, 25; li fel judeus ja s'aproismed — ab gran cumpannie d'els judeus, Pass. 7, 36; io li preia paias (se reconcilier) ab

lui, V. d. L. 16, 16; et ob ses croix fors s'en exit, id. 18, 2; ensembl'ot 'lui, V. d'A. 22, 22; ensemble od els, Rol. 40, 4; ensemble
od nos, Brut 88, 10; maint François mist le jor envers — od sa com-
paigne qu'il avoit, Rose 99, 11; amenez le od tut le lieu, Trist. 173,
24; que ensemble ot lui erroent, Lais de Chev; ensemble o lui en
ermitage — se remetent pour dieu servir, Discpl. Cler. 246, 22.
Die Bezeichnung dieses Verhältnisses eignete sich im Altfranzösischen
auch a an, z. B. Que ja de nule créature — ne sera ses secreiz sceu
— ne quele ait a home geu, Rustebues (weitere Beispiele unter a).
Im Neufranzösischen ist jedoch der Präposition a diese Function wieder genommen; nur avec findet sich jetzt als Präposition der Begleitung (s. avec).

4. Od als Bezeichnung des eine Handlung begleitenden Umstan-
des, der Art und Weise, wie dieselbe vor sich geht. Gewöhnlicher
ist schon im Altfr. die Präposition a in dieser Bedeutung. — Li troi
pour dieu o bon corage — ensamble o lui en ermitage — se remetent
pour dieu servir Discpl. Cler. 246, 21; é od l'aic deu chalt pas le
materai, L. d. R. 47, 23; que o sa harpe si doucement chanta,
Guillaume de Machau 387, 34. — Beispiel für a: que lui a grand
torment occist, V. d. L. 13, 27, u. s. w.   Schon im 15. Jahrhundert
findet sich o in dieser Bedeutung gar nicht mehr.

5. An der Spitze einer adnominalen Bestimmung, welche das
unterscheidende, gewöhnlich das körperliche Merkmal einer Person an-
giebt, hat sich od, o in der Sprache am längsten erhalten. In dieser
eigenthümlichen, besonders in der Poesie üblichen Ausdrucksweise
konnte es am leichtesten einen formelhaften Charakter annehmen, als
eine durch den herkömmlichen poetischen Gebrauch sanctionirte Form
erscheinen: Douce amie o le cler vis, Auc. et Nic. 256, 29; m'amiete
o le blont poil id. 268, 24, u. s. w.   Daneben gleichwohl auch schon
früh a in dieser Verbindung: Hues au der vis, H. de B. 57, 46; la
dame al vis cler, id. 57, 34; le marchis aus vis fier, G. d'Or. 68,
17. — Vom 16. Jahrhundert ab übernimmt a diese Beziehung ausschliesslich.

6. Folgende Beispiele beweisen die Verwendung von od (o) zur
Bezeichnung des Mittels od. Werkzeuges: Encuntre ki deiz si od
bastun venir? L. de R. 48, 12; o harpes et o gyges est la joie sonee,
o cors et a buisines d'autre part est cornee, B. d. S. 69, 22. — Also

das heutige à in jouer à . . ., wo diese Verbindung erscheint, beruht
begrifflich auf apud, od, o, welches durch ein Missverständniss mit ad,
a, verschmolzen wurde. — Qui fu armés sor son destrier — od la hace
qui fu d'acier, Rou 99, 14 ; o criz, o lermes e o plore — l'ont deproïié
e conjuré, Troie 162, 27 ; o ses dous poinz granz cous se fiert, id. 163,
23 ; tut en lavat od la suur, Trist. 176, 4. — Aber schon seit dem
9. Jahrhundert hat a die Darstellung dieses Verhältnisses mitüber-
nommen : ad une spede li roveret tolir le chief, Eul. 6, 2 ; a l'une main
si ad sun piz batud . . . ., Rol. 88, 87, u. s. w.

Vom 13. Jahrhundert ab finden wir das instrumentale od nicht
mehr; es ist gänzlich durch a verdrängt.

7. Dass die Präposition od auch ihrerseits in die Functionen von
ad übergriff, dass sie auch, aber im Ganzen selten, zur Bezeichnung
des Zieles angewandt wurde, mögen folgende Stellen darthun : Ab me
venras, Pass 12, 15 ; ab un magistre semprel mist, V. d. L. 46, 13 ;
que Normant ont od els tirés, Rou 95, 10 ; furent alez od le rei, L. de
R. 46, 13 ; o li s'en vait con plus tost pot, Fl. et Bl. 198, 3, chiaus
qui o lui voelent venir, Jeh. Bod. 288, 37. — Also noch im 13. Jahrhundert findet sich od in dieser Bedeutung, die ihm irrthümlicher Weise
zugefallen war.

. Wie erwähnt, ist o im 15. Jahrhundert äusserst selten. Inner-
halb desselben geht diese Präposition der Schriftsprache überhaupt verloren.

Bemerkenswerth ist es, dass im 16. Jahrhundert der Sprachrefor-
mator Ronsard die Bedeutungen von avec auf das verschwundene o zu
übertragen vorschlug. Ein richtiges Gefühl leitete ihn. Avec ist ohne
Zweifel keine der glücklichsten und schönsten Bildungen der französischen
Sprache, weder formell — für eine so einfache Beziehung eine zwei-
silbige Präposition, die ausserdem auf den härtesten Consonanten der
Sprache ausgeht und sich an keinen Buchstaben im Anlaute des folgenden Wortes leicht und fliessend anschliessen kann — noch begrifflich, hinsichtlich ihrer etymologischen Bedeutung. Die schwerfällige,
unbeholfene Composition: apud hoc für dieses einfache Verhältniss!
Leider hat Ronsard keinen Erfolg gehabt. — Wenn aber der Herr
Oberlehrer Günther in Bernburg (Archiv I, p. 62) sich ausdrückt,
Ronsard habe für die Form avec die Form o vorgeschlagen, so ist
dies nicht ganz richtig. Ronsard kann nicht der Ansicht gewesen sein,
man könne in die Sprache einen beliebigen, an sich inhaltlosen Laut

einführen und bestimmen, dieser Laut solle die oder die Bedeutung
haben. Ronsard hat einfach das eben zu seiner Zeit verschwundene
o wieder ins Leben zurückzuführen und die ihm zukommenden Bedeutungen von avec bei demselben belassen wollen.

In dem Patois einiger Gegenden hat sich übrigens die Präposition
apud in einer eigenthümlichen Form bis auf den heutigen Tag fortge-
pflanzt. In der Landschaft Forez in Frankreich wird nach Reinhold
Koehler (Volksmährchen aus der Landschaft Forez in Frankreich,
Lemke's Jahrb. Bd. IX., Heft 4, p. 399) au für avec gebraucht: le Lû
au le Reynard ayit fait in essart (défrichement, endroit défriché) de méto,
en allant à Mountertchi. Dass dieses eine Form aus dem einfachen apud
ist, kann keinem Zweifel unterliegen. Avec hat von jeher den Ton
auf der letzten Silbe gehabt und musste ihn seiner Entstehung nach
dort haben; diese ist in der alten Sprache deshalb gewöhnlich auch
diphthongirt (s. avec). Au kann also keine Verstümmelung aus avec
sein. Wir haben in diesem au eine Bildung aus der Präposition apud
zu erkennen, die sich in der Vulgärsprache der Landschaft Forez seit
den ältesten Zeiten erhalten hat. Aehnliche Erscheinungen, d. h. der
Untergang altfranzösischer Formen und Constructionen in der Schriftsprache und das Fortleben derselben in einzelnen Volksdialecten, sind
nichts Seltenes.

Was die Bedenken betrifft, welche Diez in seiner Gr. der rom.
Spr. gegen die Anlehnung des neufranzösischen à als Bezeichnung des
unterscheidenden Merkmales an die lateinische Präposition apud äussert,
so widerlegen diese sich leicht. „Dies à," sagt er, „kommt in allen
romanischen Sprachen in dieser Bedeutung vor, es müsste also aus
Frankreich verpflanzt sein. Der Italiäner hat sein appo; im Spani-
schen fehlt eine auf spanischem Boden aus apud gebildete Form ganz."
Sehr richtig! Dies a ist wirklich aus Frankreich in die übrigen romanischen Idiome hinübergetragen, und zwar aus der Sprache, in welcher
sich die Hauptzweige der romanischen Sprachfamilie concentrirten, aus
dem Provenzalischen. Auffällig ist dies durchaus nicht. Stellte doch
Raynouard eben deshalb, weil die Uebereinstimmung der rom. Sprachen in so manchen Punkten nach seiner Meinung nur in einem Her-
vorgehen aller aus der Sprache des südlichen Frankreich ihre Erklärung finden konnte, seine Theorie auf, dass alle romanischen Idiome
Töchter der Provenzalischen seien. Besonders vor dem 9. Jahrhundert
und in dieser Zeit war, wie wir gesehen haben, schon eine Verkür-

zung aus apud in der Bedeutung „mit" auf französischem Boden üblich, standen die einzelnen Provinzen der langue romane (wenn wir die unbekannte Volkssprache dieser Zeit schon mit diesem Namen bezeichnen dürfen), in lebhaftem wechselseitigen Verkehr. (Man erinnere sich der politischen Zustände dieser Zeit.) Wenn Diez aber an einer andern Stelle seiner Gramatik (II, 453) meint, „das französische à binter Substantiven ist nichts anderes, als eine Form des provenzalischen ab" (nach diesen Worten würde es übrigens dennoch auf apud beruhen, was an obiger Stelle bezweifelt wurde!), so ist dies entschieden falsch. Im Altfranzösischen steht hier od, wie wir gesehen haben, eine Form, welche nicht aus dem provenzalischen ab, sondern nur direct aus dem lateinischen apud hergeleitet werden kann. Die Sprachen des südlichen und des nördlichen Frankreich haben apud dem Begriffe nach analog (sicher nicht ohne wechselseitigen Einfluss), der Form nach hat jede es selbständig behandelt. — Noch an einer andern Stelle (unter den romanischen Präpositionen) bezeichnet Diez ab als die altfranzösische Form, welche dem lateinischen apud entspräche, ein Irrthum, der wohl wesentlich den vorigen erzeugt hat.

II. Formelle Entwicklung der Präposition Od.

Das Wesentlichste über die Entwicklung, welche apud in Beziehung auf die Form auf französischem Boden nahm, hat von der begrifflichen Entwicklung desselben nicht getrennt werden können. Einiges bleibt noch hinzuzufügen. In den Serm., in der Pass. de Chr. und in der V. de L. finden wir die Form ab statt des späteren od. Man könnte diese als aus dem Provenzalischen entlehnt oder doch in einer südlichen Provinz durch örtliche Berührung mit dem Gebiete dieser Sprache entstanden betrachten, zumal die beiden letzten Denkmäler manches lautlich mehr Provenzalische als Altfranzösische enthalten. Aber die Form der ausschliesslich französischen Präposition avec, sowie das ab in den Serm. machen es wahrscheinlich, dass auch in Nordfrankreich aus apud durch Verflüchtigung und schliesslichen Abfall der Endsilbe die Form ab gebildet worden ist neben áud. Diese Form bestand dann fort, so lange man sich der Identität derselben mit dem lateinischen apud bewusst war, so lange man überhaupt das Wesen der in ihrer Bildung begriffenen neuen Sprache als die lautliche Verflüchtigung, Vereinfachung und Verschleifung lateinischer Wortformen

erkannte. Sobald das Altfranzösische als einheitliche, gesonderte, in
sich abgeschlossene Sprache dem Latein gegenüber steht, finden wir
die Form ab nicht mehr. Als Vorform von od müssen wir, wie schon erwähnt, áud annehmen. Diese Form zeigt eine sprachliche Erscheinung, der man oft
begegnet. Die aus der Tenuis zwischen zwei Vocalen eines Wortes
durch Erweichung entstandenen Media wurde späterhin als ursprüngliche Media angesehen und fiel als solche gänzlich aus: ápud — ábud
— áud — od. Die grösste Uebereinstimmung mit diesen Formen
zeigen die Gestaltungen, in welchen habuit auftritt. Zunächst áut, —
Et cum il l'aut doit de ciel art, V. de L. 14, 16; also im 10. Jahrhundert, später nur noch 2) ot, die allgemeine Form. Daneben 3) ab!
— mais non i ab un plus valent, L'Al. d'Alb. 25, 27; 11. Jahrhundert, später nicht mehr.

Aus áu ging der Monophthong o hervor. Dieser Process wird
auf folgende Weise zu erklären sein. Wenn durch Consonantenausfall betontes a mit folgendem unbetontem u oder o zusammentraf, oder
wenn die lateinische Sprache schon den Diphthong au darbot, so wurde
der zweite unbetoute Vocal in der Aussprache so eng an a angeschlossen, dass er schliesslich mit ihm verschmolz und ein einfacher Laut,
ein Monophthong resultirte. Der Laut, welcher auf diese Weise entstehen musste, lag zwischen a und u, resp. o, es war das offene o.
Der Italiäner hat noch heute an Stelle jedes lateinischen au seinen
offenen o-Laut. Dieser Lautübergang trat schon sehr früh ein, weshalb wir statt dieses au in den ältesten Denkmälern der französischen
Sprache schon fast immer o finden. Doch nicht jedes au hat so
früh den offenen o-Laut und die Darstellung ·o erhalten. Au blieb
Diphthong, wo man sich seiner Entstehung durch Anschluss des aus
der Liquida l erweichten u an den Vocal des Stammes bewusst war,
indem andere Formen desselben Wortes den reinen Stamm mit blossem
a erkennen liessen. Dies au ist zweifelsohne nicht nur der Schreibweise, sondern auch der Aussprache nach ursprünglich ein Diphthong.
Im 12. Jahrhundert erhielt aber auch dieses die Geltung eines Monophthonges, des offenen o. Diesen Monophthong aber durch o zu bezeichnen, erlaubte das Bewusstsein nicht, dass derselbe eine Modification
des Stammvocals a war. Man behielt also zur Bezeichnung dieses offenen
o den Stammvocal a bei und stellte den o-Laut auf verschiedene Weise
dar: chevax, chevalx, chevaus, chevaux. Chevaus ist archaistische Schreib-

weise. Der Diphthong au, der früher auch in der Aussprache diphthongische Geltung hatte, ist zur Darstellung des daraus hervorgegangenen Monophthonges beibehalten, der in der Form chevax (x = s nach l, hier zur Erinnerung an das ausgefallene l des Singular) als einfacher Vocal-, laut dargestellt wurde. Chevalx ist die Pluralform, die vom Singular der Regel gemäss gebildet ist. Die gleiche Geltung dieser Formen, die bei denselben Autoren nebeneinander vorkommen, für die Aussprache führt nach meiner Ansicht zu der sichern Vermuthung, dass alle cheväs gelautet haben. Ich theile also die Ansicht nicht, dass chevax und chevalx zu sprechen seien cheväüs. Wie hätte man darauf verfallen können, einen diphthongischen Laut, dessen beide Theile man selbst fortwährend entstehen liess (al — aus) durch einen einfachen Vocal darzustellen? Man vergleiche auch die gewöhnlichen Pluralformen des bestimmten Artikels im Dativ: ax und as. — So erhielt än allgemein die Geltung des offenen o und wurde mit Ausnahme des obigen Falles vom 12. bis zum 15. Jahrhundert gewöhnlich so bezeichnet; z. B. mor der Maure u. s. w. Allmälig erhielt dies offene o eine lautliche Modification, indem es heller wurde und sich unserm langen o näherte. In aurai und einigen andern Formen ist der alte Laut noch jetzt vorhanden. Aus etymologischen Gründen wurde alsdann im 15. und 16. Jahrhundert, als man begann, die Sprache an das Latein näher anzulehnen, das alte au wieder hergestellt, welches auf diese Weise die Geltung des langen o erhielt.

Dass die Media am Ende nicht in die Tenuis überging, verhinderte wohl die nabeliegende Möglichkeit einer Verwechselung dieser Präposition mit ot = habuit. Doch kommt auch ot = apud einige Male vor.

Ueber die Elision des auslautenden d, siehe Theil I.

Avec.

I. Formelle Entwicklung.

Die präpositionale Form avec entstand aus apud, oder, was wahrscheinlich ist, aus ab, der verkürzten Form von apud (Serm. Pass. V. d. L.) und dem neutralen Demonstrativpronomen hoc. Letzteres ist in der franz. Sprache überhaupt in sehr freier Weise behandelt worden, vgl. enuit, heute Nacht; oc, ja! u. s. w. In der Composition

verlor hoc die Aspiration, die auch sonst überhaupt dem Anlaute sehr
häufig verloren ging; honor im Altfranz. gewöhnlich onur, enur. So
entstand die Zusammensetzung aboc. In dieser hätte, wenn sie ein einheitlicher Stamm mit einheitlicher Bedeutungen gewesen wäre, die
Media b zwischen den beiden Vocalen a und o ausfallen müssen.
Die Sprache war sich jedoch bewusst, an jeder Silbe dieses Wortes
einen eigenen Stamm mit selbständiger Bedeutung zu besitzen, der
mithin erhalten werden musste.   Hier also trat die Formveränderung
ein, welche mit dem auslautenden b des Stammes, dem ein Vocal
voranging und in der Flexion unmittelbar ein Vocal folgte, vorgenommen wurde, b wurde zu v erweicht, vgl. av-er aus hab-ere u. s. w.
Avoc ist nun in der That die älteste Form, in welcher wir die heutige
Präposition avec kennen (V. d'Al.) Im 12. Jahrhundert finden wir
dieselbe nach zwei verschiedenen Richtungen hin modificirt; die eine
Richtung hat den dumpferen Vocal o zu e erhellt; die andre hat ihn
verbreitert und giebt dem neuen Laute eine diphthongische Darstellung
(oe oder eu).

Die nicht diphthongirte Form kommt bei demselben Autor neben
der diphthongirten nicht vor, beide sind also durchaus getrennt. Avec
findet sich z. B. bei G. d'Or. in der B. de Sap., in R. d. Trist; Conq.
de Const., in einigen Balladcs, in Ren. le Contrefait, und bei Froiss.
Avoec und Aveuc (beide Form wechseln bei denselben Schriftstellern)
heissen die entsprechenden Formen bei Wace, im R. d'Al., C. d. Gr.
Chev. an lyon (Chr. d. Tr.) Auc. et Nic., Chanson a boire, Ad. li
Boçus und bei G. Mach. — Einen sicheren Schluss kann man bei der
geringen Kenntniss, die wir bis jetzt von dem Unterschiede der altfranz.
Dialekte haben, aus dieser Erscheinung nicht ziehen. Wahrscheinlich
ist es, dass der normannische Dialekt, der, wenigstens ursprünglich, im
Allgemeinen den einfachsten Vocallaut mehr liebt, als die andern Dialekte, die Form avec gebildet hat, der burgundische die diphthongirte
Form.   Jedenfalls ist das thatsächliche Verhalten dieser beiden Formen bei einer etwaigen gründlicheren Untersuchung über das Verhalten der altfranzösischen Dialekte zu einander nicht ausser Acht zu
lassen.

Anmerkung.   Auch andere Erscheinungen, welche man bisher ziem-
lich vernachlässigt hat, wie z. B. die Versetzung des Accentes auf Diph-
thongen und der Einfluss dieser Versetzung auf die Aussprache (auf einen

besondern Fall werde ich bei après (puis) zu sprechen kommen), verdienen
sehr, einmal einer genauen Prüfung gewürdigt zu werden. Ueberhaupt ist
bei einer Untersuchung über die altfranzösischen Dialekte, wofern sie zu
einem klaren Einblick in den Unterschied derselben und in die Art ihrer
wechselseitigen Beeinflussung führen soll, nach meiner Ansicht stetz die
lautliche, nicht die orthographische Seite als das wesentlich Unterscheidende im Auge zu behalten, dagegen die Darstellung der Laute, die ausserdem bei einer so wenig fixirten Sprache, wie die altfranzösische war, ziem-
lich willkürlich sein musste und in der That ist, als das secundäre Mo-
ment der Unterscheidung. Die Punkte, welche sicheren Aufschluss über
das Lautliche geben, würde der scharfe Blick des Forschers, zum grössten
Theile eben aus der Orthographie, erkennen müssen. —

Neben avec kommt auch in einigen Schriftwerken (z. B. in den
Conquer. d. Const.) ovec vor. Ist dies ein Einfluss der synonymen
Präposition o? Oder beruht es auf einer individuellen unreineren
Aussprache des Anlautes von avec, vielleicht veranlasst durch das folgende v (als Halbvocal, verwandt mit u)? Es möchte schwierig sein,
bei der gegenwärtigen Kenntniss der altfranzösischen Lautverhält-
nisse hier den treffenden Grund festzustellen.

Beide Formen, sowohl die diphthongirte wie die mit einfachem
e, werden vom 13. Jahrhundert ab bisweilen erweitert, indem eine
Silbe, bestehend aus tonlosem e, mit schliessendem s, hinzutritt. Vor
dieser musste der Aussprache wegen c in qu verwandelt werden. Im
14. und 15. Jahrhundert behalten gewöhnlich die erweiterten Formen
c neben qu bei, (cques). — Avec hat als Präp. nicht die glücklichste
Gestalt (siehe die Bemerkung zu od!). Der harte Guttural im Auslaute
schloss sich in der Ausprache weder an Vocale, noch an Consonanten
im Anlaute des folgenden Wortes leicht an, weshalb man dieser Präp.
eine Silbe mit schliessendem s anhängte. |Man erreichte seinen Zweck in
sofern, als leichterer Anschluss allerdings gewonnen wurde, aber die
Präp. hatte einen noch unschöneren, mit ihrer Natur als Präp.
kaum erträglichen Laut erhalten. Die Aussprache dieser erweiterten
Formen wurde aber geradezu unerträglich für das Sprachorgan und das
Ohr des Franzosen in der Periode, in welcher das unbetonte e, besonders
der Endsilbe, stumm zu werden begann. In der Aussprache traf jetzt
der harte Guttural unmittelbar mit dem schliessenden s zusammen, und
es resultirte der harte x-Laut, den das französische Ohr nicht erträgt,
dem die Sprache überall ausgewichen ist. (Vielleicht führte man im
14. Jahrhundert cques, wie vorhin bemerkt, deshalb ein, um c als ge-

trennten, für sich auszusprechenden Consonanten, die Silbe ques als eigene Silbe zu markiren, die in der Aussprache als solche zu erscheinen habe.) Rabelais hat die Formen avec, avecq, avecque und avecques, ebenso Ronsard. Wahrscheinlich sprach man schon im 16. Jahrhundert nur noch avec. — Im 17. Jahrhundert gebrauchte man in der Prosa ausschliesslich die Form avec; nur die Dichter erlaubten sich noch bisweilen des Verses wegen avecques zu setzen, neben welchem nun auch, da das auslautende s für die Aussprache verstummt war (wohl schon im 16. Jahrhundert), avecque auftreten konnte. Wie diese archaistischen Formen zu der damaligen Zeit bereits beurtheilt wurden, darüber belehrt uns eine Bemerkung des Abbé d'Olivet. Er sagt zu folgendem Verse aus Racine's Alexandre: M'entretenir moi seule avecque mes douleurs: „On se sert rarement d'avecque, si ce n'est en vers, quand on a besoin d'une sillabe; encore est-il bon, ajoute l'Académie, de s'en passer le plus que l'on peut."

Noch heute kommen die Formen avecque und avecques vereinzelt bei den Dichtern vor.

II. Begriffliche Entwicklung.

Avec ist eine, der franz. Sprache durchaus eigenthümliche präpositionale Bildung. Das lateinische cum wurde als selbständige Präposition aufgegeben und als Ersatz für dasselbe ab, od (apud), und daneben eine Zusammensetzung dieses mit oc = hoc gebildet. Leider gestatten uns die vorhandenen Sprachdenkmäler nicht, an der Hand historischer Thatsachen zu verfolgen, wie die Form aus apud und hoc allmählig zu einer präpositionalen Verwendung gelangte. Der Weg kann aber, und die späteren Gebrauchsweisen von avec und seinen Nebenformen bestätigen dies, nur folgender gewesen sein: Apud hoc wurde bei Aufzählungen zu einem Substantiv adverbial hinzugefügt in der Bedeutung „dabei", „dazu". Nachdem die Contraction beider Wörter die einheitliche Form avoc geliefert hatte, übertrug das Sprachbewusstsein, die Zusammensetzung vergessend, auf dieselbe den einheitlichen adverbialen Begriff „auch". Das Bestreben, alle Beziehungen, in welchen Begriffe zu einander stehen, auch die abstracteren, in einer das Wesen derselben veranschaulichenden Weise darzustellen, führte die Sprache dahin, sie mit räumlichen, der Vorstellung geläufigen Verhältnissen zu identificiren: Bewegung, Ausdehnung, Begränzung, Ziel,

Verbindung, Trennung, Begleitung u. s. w. Wo die Sprache eine dieser räumlichen Beziehungen in das Verhältniss mehrerer Begriffe zu einander hineindenken kann, macht sie von dieser Anschauungs- und Darstellungsweise Gebrauch. — Der blossen additionellen Anreihung von Begriffen ist die Sprache nicht sehr hold. Bei einer solchen sollen verschiedene Begriffe als zu einer bestimmten Beziehung zusammengehörig gedacht werden (diese bestimmte Beziehung ist eben der jedesmalige Grund der Anreihung), aber jedes Glied erscheint als getrenntes, von jedem anderen unabhängiges, coordinirtes; die Zusammengehörigkeit ist in dieser Art der Verbindung, die nur satzlich eine Verbindung, wesentlich aber eine individualisirende Trennung ist, nicht ausgedrückt. Nun zeigt uns aber die Erfahrung immer nur Zusammengehörigkeit von Gegenständen durch irgend eine Art wirklicher Verbindung, und dies ist eine Vorstellung, welche sich dem naiven Sprachbewusstsein unbewusst einprägt und seine Neigungen bestimmt. Alle Ideen, welche dem Sprachorganismus in syntactischer Beziehung zu Grunde liegen, sind wesentlich auf die aus der Erfahrung genommenen Anschauungen zurückzuführen. Aus diesem Grunde liebt jede Sprache es mehr, die Zusammengehörigkeit von Begriffen vermittelst der Präposition der Verbindung und Begleitung auszudrücken, als durch die Conjunctionen der Anreihung. — Die Sprache Frankreichs kannte nun jedenfalls sehr früh die Etymologie von avoc nicht mehr, nach der es nur adverbial hätte gebraucht werden können, zumal apud für das Sprachbewusstsein schon frühe aufhörte fortzuexistiren. Erwägen wir endlich, dass die altfranzösischen Präpositionen, vornehmlich in der ersten Hälfte der altfranz. Sprachperiode, nicht den bestimmten präpositionalen Charakter trugen, wie im neufranzösischen; dass ihr Platz, ob vor oder hinter dem Substantiv, willkürlich war; dass jedes Adverb, sobald sein Begriff es überhaupt zuliess, gelegentlich präpositional verwandt werden konnte, so begreift sich, wie avoc Präposition wurde, zumal die Sprache für die entsprechende conjunctionale Verbindung von Begriffen mehrere Darstellungsmittel besass. Das Adverb avoc als das verbindende Glied zweier Substantive wurde in seiner satzlichen Stellung belassen; das Sprachgefühl legte ihm nur, weil es in der betreffenden Verbindung eine Präposition gern sah, präpositionale Rectionskraft bei. Daneben besteht freilich auch avoc als additionelles Adverb fort.

A. Als Adverbium hat avoc und seine Nebenformen die seiner

Entstehung entprechende Bedeutung: dabei, dazu, auch, beibehalten: Et le tint longuement em prison et un sien fil avec (nicht „en même temps,“ zu gleicher Zeit, wie Bartsch meint, sondern = aussi, dazu, ebenfalls,); Conq. d. Const. 213, 9; en mon cuer plus croistre fessoit — amor et desir et talent — avoec s'en mesla jalousie, desesperance et desveril; Ad. Boc. 356, 34. Bemerkenswerth ist folgendes Beispiel, indem es die eigentliche Grundbedeutung dieses Adverbiums recht fühlen lässt: l'an mil avec soixante et huit, (im Jahr 1000, dazu 68) Ballades, 389, 3.

Anmerkung. Das synonyme od war adverbialen Gebrauches nicht fähig; es drückte eine Beziehung aus, die an sich mit der Idee der Aufzählung nichts Verwandtes hatte. Wohl aber eignete sich dazu die Verbindung und schliessliche Verschmelzung dieser Präposition mit dem neutralen Demonstrativpronomen hoc. Seit dem 16. Jahrhundert kommt dieser adverbiale Gebrauch von avec in der französischen Sprache nicht mehr vor.

B. Avoc und Nebenformen, im Neufranzösischen avec und Nebenformen als Präposition.

1. Im Altfranzösischen: Avoc bezeichnet das Beisammensein zweier Gegenstände ganz allgemein. Es entspricht also nicht nur dem neufranzösischen avec, sondern auch dem auprès de und dem chez. Nach Verben der Bewegung bezeichnete diese Präp. die Begleitung, doch gehört die Relation der Bewegung ursprünglich ausschliesslich dem Verbum an, allmählig erst verband das Sprachgefühl dieselbe auch mit der Präposition.

Beispiele. Filz quar t'en vas colcier, — avec ta spuse al cumand deu del ciel. V. d. M. Al. 18, 27; Mais nepurhuec mun pedre me desirret, — si fait ma medre plus que femme qui vivét — avoc ma spuse que jo lur ai guerpide, Ib. 22, 14. In beiden Fällen ist avoc vielleicht noch als Adverbium anzusehen, wenigstens wohl nicht als eine Präposition; man bedenke das Komma hinter colcier! En paradis la fist dex osteler, avec ses angles et metre et aloer. G. d'Or. 67, 32; bien soies tu venus avec t'umilité, B. d. Sap. 170, 24; avoec son suire l'envoia — em Bretaigne . . . Brut, 92, 18; car la roujors estoit avoec le blanc meslee, R. d'Al. 113, 19; et avoit avec tot ce sa corone d'or en sa teste, R. d. Tr. 116, 15; son deduit (plaisir) avec Tristan, Ib. 119, 10; et cil avoec ax s'an ala, C. d. G. 139, 44; et avoec ce ancore vit que . . . ., Ib. 141, 7; qui avec lui estoient, C. d. Const. 213, 17; Rotrox de Monfort et Yves de la Jale alerent avec meint

autre, qui . . Ib. 215, 23; et que ses cors meismes ira oveques vos
an Babiloine, Ib. 218, 29; E dit que avoec lui iroient, Chev. au
lyon v. 670 (Hol.); Nicolete est aveuc toi, Auc et N. c. 268, 23;
bruit d'armes et druérie — maintient et chevalerie — aveuc bone
compaignie, Chanson à boire, 309, 7; j'ai esté, aveuc feme, Ad. Boç.
352, 35; einsois ala plus que le pas — droit en enfer aveuques Pro-
serpine, G. d. Mach. 387, 18; je le porte avecques my, Ballade: 391,
5; avec les povres s'est tenus, Ren. Cont. 393, 43; tous jours vodroie
avec li demorer, Froiss. 399, 16; Ces capitaines qui la estoient a col-
lation après souper avecques ledit Phelippe . . ., Ib. 403, 14.

2. Im Neufranzösischen. Das altfranzösische avoc, avec, avoec,
aveuc theilte also von den Bedeutungen der Präp. od nur die erste und
dritte, Beisammensein und Begleitung. Nachdem od der Sprache ab-
handen gekommen war und alle seine Bedeutungen auf a übertragen
hatte, wurde im 16. Jahrhundert zwischen dem letzteren und dem
nun mit dieser Präposition in einigen Bedeutungen collidirenden avec
gewissermassen ein Ausgleich vorgenommen. Die Darstellung der dem
Grundbegriffe von a so fern liegenden Idee der Begleitung wurde dieser
Präp. genommen und auschliesslich auf avec übertragen. Diejenigen Beziehungen, welche mit der der Begleitung verwandt sind, und welche die
Sprache am naturgemässesten unter dem Bilde der Begleitung versinnlicht
(Mittel oder Werkzeug, Art und Weise, begleitender Umstand, Stoff),
hatte früher die Präposition der Begleitung od ausgedrückt, nach und
nach hatte a sie an sich gezogen. Jetzt wurden sie naturgemäss wieder auf die einzige noch vorhandene eigentliche Präp. der Begleitung,
auf avec übertragen. Theilweise hatte sich jedoch a so fest in seinen
neuen Besitz eingebürgert, dass es nicht durch avec daraus verdrängt
werden konnte, (siehe à). Den Begriff der Nähe im Allgemeinen
(apud) behielt avec jedoch in dieser Reform nicht bei; alle seine Bedeutungen sind auf die Idee der Begleitung oder des unmittelbaren
Zusammenhanges zurückzuführen. An folgenden Stellen würde
mithin das altfranz. avec bei einer Uebertragung ins Neufranz. nicht
durch avec wiedergegeben werden dürfen.

Et avoec ce ancore vit que . . ., C. d. Ge. 141, 7; in der jetzigen
Sprache Frankreichs etwa outre cela; qui ovec li estoient, C. d. Const.
213, 17, die entsprechende Wendung nach neufranz. Sprachgebrauche
würde sein auprès de.

Die einzelnen Verwendungen der neufranz. Präp. avec sind nun folgende.

1. Es bezeichnet die enge Verbindung zweier Gegenstände, die nähere Gemeinschaft: Quiconque la venoit voir, étoit invité à diner avec elle ou chez elle. J. J. Rouss. In den meisten Fällen verknüpft avec als Präp. der innigen Verbindung zwei in einer reciproken Thätigkeit begriffene Personen; die nothwendige Vereinigung und Zusammenwirkung beider in der Ausführung dieser Thätigkeit muss eine durchaus innige sein. M'entretenir moi seule avecque mes douleurs, Rac. Al. (douleurs ist personificirt gedacht). Il s'est marié avec elle, Ac. Avec ces gens-là, il faut toujours être en discussion, Ib. Il s'est battu avec un tel, Ib. La France était en guerre avec la Russie, Ib. — Il a une grosse fièvre avec des redoublements, Ib. Ce mot est quelquefois employé avec tel autre, Ib.

In einigen speciellen Verwendungen scheint die heutige Präp. avec noch an den alten allgemeinern Begriff derselben, den der allgemeinen Nähe zu erinnern, indem eine wirkliche Verbindung in die beiden durch avec verknüpften Gegenstände nicht hineingedacht werden kann. Dies ist der Fall, wenn avec diejenige Person bezeichnet, gegen welche eine andere Person eine Thätigkeit richtet, die also dann nicht von beiden zugleich ausgeführt wird, nicht wechselseitig ist. Die Beziehung contre liegt natürlich in avec nicht enthalten, sie ergiebt sich aus dem ganzen Gedanken; als Bezeichnung des Zusammenseins kann avec nur den Begriff der Nähe überhaupt in den hierher gehörigen Wendungen haben: Louis XVI. était depuis quelque temps plus froid avec ses ministres, Mignet (Mätzner). (Die Beispiele des Dictionnaire de l'Ac. fr.: Il s'est battu avec un tel. La France était alors en guerre avec la Russie, sind nicht glücklich gewählt. Avec ist hier doch nicht ganz „l'équivalent de Contre“, es bezeichnet die oben angegebene Verbindung persönlicher Begriffe bei einer reciproken Thätigkeit, während contre das Verhältniss auf andere Weise aufgefasst darstellt.)

2. Bei Verben der Bewegung drückt avec die Begleitung aus. Je suis venu avec lui, Ac. Il partit avec dix mille hommes, Ib. Le Russe Landskoy avec cent cinquante hussards, quatre cents Cosaks, et deux canons pénétra dans le bourg. Ségur.

Eine unklare Vorstellung der Begleitung — jedenfalls fühlt die jetzige fertige Sprache hier in avec die Idee der Begleitung nicht mehr

deutlich, — hat die Construction avec le temps, mit der Zeit, hervor-
gerufen — avec le temps ils me connaîtront mieux, Rac. Al.
3. Verwendung der Präp. avec zur Bezeichnung causaler und
modaler Beziehungen. Im Allgemeinen steht sie da, wo auch die
übrigen Sprachen die entsprechenden Präp. setzen.
4. Avec bezeichnet den eine Handlung begleitenden Umstand,
die Art und Weise, wie eine Handlung vor sich geht. A hat diese ihm
nach dem Aussterben von od zunächst allein zukommende Function
nicht vollständig an avec abgetreten. Die neueren Grammatiker, und
der allgemeine Sprachgebrauch stimmt mit ihnen im Ganzen überein,
machen hier einen formellen Unterschied. Man fordert avec von dem
von einem Adjectiv begleiteten Substantiv, à vor dem blossen Substantiv. Der eigentliche Unterschied zwischen à und avec in dieser
Gebrauchsweise ist der, dass man in der Verbindung von à und einem
Substantiv hinsichtlich des satzlichen Werthes derselben nicht viel mehr,
als eine blosse adverbiale Bestimmung fühlt, während avec in dieser
Construction für das Bewusstsein seine präpositionale Kraft mehr empfinden lässt, den begleitenden Umstand also als solchen deutlicher
hervorhebt. Diese Unterscheidung ist eine natürliche, wohl begründete,
in sofern der Präposition à die Idee der Begleitung ja eigentlich fremd
ist, also auch in ihr nicht eigentlich empfunden wird. Dennoch sind
avec und à als Bezeichnung der Art und Weise nirgends streng aus-
einander gehalten, was um so weniger auffällig ist, als dies à ja nur
eine andere Darstellung der nicht verstandenen präpositionalen Form
od ist.
Folgende Beispiele mögen dies darthun:
Opérer avec dextérité, Ac. Parler avec justesse, Id. Se conduire
avec prudence, Id. Se défendre avec courage, Id. Ecrire avec facilité,
Id. Travailler avec peine, Id.; daneben à peine, kaum. A droit, à tort.
Ac. Crier à tue-téte, Id. A propos, Id. A main armée, Id. Avec
regret neben à regret, Corn. Pol. Im Allgemeinen letzteres üblicher.
Avec dessin neben à dessin, Pascal, Lettre XV. Avec plaisir neben
à plaisir, ersteres üblicher. L'autre avec des yeux secs, et presque
indifférens — Voit mourir ses deux fils par son ordre expirans. Rac.
Bér. Die Unterscheidung beider, bei welcher die Sprache in manchen
Fällen willkürlich verfahren ist, in den meisten sich durch das Stre-
ben nach Deutlichkeit hat bestimmen lassen, gehört im Einzelnen den
Wörterbüchern an.

b. Hieran schliesst sich der instrumentale Gebrauch von avec Wofern das Mittel oder Werkzeug nicht selbstthätig als solches wirkte, wurde es als blosser die Handlung begleitender Umstand, als die blosse Art und Weise des Geschehens der Thätigkeit aufgefasst und durch avec bezeichnet. Die deutsche und die englische Sprache zeigen dieselbe Erscheinung: Il ne marche encore qu'avec des béquilles, Ac. Prenez cette ordure avec les pincettes, Id. C'est vouloir prendre la lune avec les dents, Id. Avec de l'argent je l'obtiendrai, Id. Pendant qu'elle t'amuse avec ses beaux discours, Corn. Mél. (Ueber par und de in dieser Bed. siehe diese!) — In einigen Wendungen hat sich à als Präp. des Werkzeuges erhalten: Se battre à l'epée, au pistolet. Mesurer à l'aune, au mètre, Ac. Das Nähere unter à.

c. Endlich bezeichnet avec auch bisweilen den Stoff, aus welchem etwas verfertigt wird. Eigentlich ist dies nur scheinbar eine besondere Gebrauchsweise von avec, indem der durch avec bezeichnete Stoff dem naiven Sprachbewusstsein als Mittel oder Werkzeug erscheint und als solches dargestellt wird. Der Gebrauch unseres mit in diesem Falle bietet uns eine vollkommene Analogie: Carreler avec de la brique. Ac. Dans ce pays ils ne bâtissent qu'avec du bois, Ebd. Le rossolis est fait avec de l'esprit-de-vin. Id. C'est avec des morceaux de lave pétrifiée, que sont bâties la plupart de ces maisons. Md. de Staël. (Mätzner.) Hierher gehört auch folgende Stelle aus J. J. Rousseau, Conf. L. VI. Nous déjeûnions ordinairement avec du café au lait.

Der Herr Oberlehrer Günther macht uns auf eine ganz neue Präp. der Begleitung aufmerksam; im Noël du Fail hat er atout für avec gefunden! Die betreffende Stelle heisst nach ihm: lequel au jour, atout sa robe de soie . . . . Eut. 9. Höchst merkwürdig, diese Präp. atout! Woraus will er denn eigentlich dieselbe ableiten und wo hat er sonstige Belege für eine Präp. atout gefunden? Ich habe obige Stelle nicht selbst gelesen, kenne also den Zusammenhang, in dem sie vorkommt, nicht, aber dennoch bin ich fest überzeugt, dass dies atout weiter nichts heisst als à tout; nach jetzigem Sprachgebrauche au dessus de tout (ce qu'il portait d'habits). Dass ihm der surtout nicht eingefallen ist!

Neben avec kommt zur Bezeichnung derselben Beziehung im Altfranzösischen bis auf Rabelais vereinzelt ensemble (ingleichen) als Präp. vor, gewöhnlicher freilich in Verb. mit avec oder od (ensemble

avec, ensemble od). Man braucht nur die Natur der altfranz. Präpositionen (de, a und einige andre ausgenommen) überhaupt zu verstehen, um leicht zu begreifen, wie ensemble gelegentlich als Präp. auftreten konnte. Ensemble, ingleichen, hat als Adverbium keine Rectionskraft in Beziehung auf das folgende Substantiv, dies konnte in jedem
beliebigen Casus stehen (also dasselbe Verhältniss, in welchem das ursprüngliche avoc = apud hoc zu dem folgenden Nomen stand). Seinem Begriffe nach verband es zwei Substantive, übte also eine Function
aus, die auch durch eine Präp. vermittelt werden konnte; gelegentlich
fasste man es nun als wirkliche Präp. auf: ensemble nostre signor,
St. B. 105, 35; Ensembl'ax, Rab. G. I, 20. Im 17. Jahrhundert
wurde ensemble wieder durchaus in die Schranken seiner adverbialen
Bedeutung zurückgewiesen.

Ueber die Bedeutung von d'avec wird unter de abgehandelt werden. Séparer l'or d'avec l'argent, Ac. Distinguer l'ami d'avec le flatteur,
Id. Distinguer la fausse monnaie d'avec la bonne.

Avant, Devant.

Die aus dem Latein hervorgehenden Vulgärsprachen hatten die
Neigung, mehrere präpositionale Beziehungen zu einer Idee zu ver-
schmelzen. Die eigenthümliche Mittelstellung, welche die Präpositionen
ihrer Natur noch zwischen Adverbien und Substantiven einnehmen, gestattete grammatisch diese Verschmelzung wohl, indem der eine Bestand-
theil der Composition in seiner präpositionalen Kraft, der andere mehr
in seiner substantivischen Natur erscheint. Vgl. englisch from among,
from without, from under, alle drei häufig in Milton's Paradise Lost.
Auch upon und andre.

Das gallische Latein kannte ante als Präp. und Adverbium: ante
biennium quam moreretur, Prosp. Aquit. 555; quae ante liberae sub
Regibus et amicis erant, Ebd. 567; humilius quam unquam ante, Ebd.
663. — Dass wir Zusammensetzungen von Präpositionen bei den
Schriftstellern Galliens zur Zeit der späteren Latinität nicht häufig antreffen, ist leicht erklärlich. Diese mussten den Schriftgelehrten, den
auch nur oberflächlich eines guten Latein Kundigen als volksthümliche
Corruptionen erscheinen.

Doch findet sich bei Greg. Tur. einmal inante: inante absidem
rotundam habens, II6, 14; wohl eine eigne Bildung nach dem Princip

der präpositionalen Compositionen, eine Einwirkung des italienischen
Sprachgebrauches (inanzi al popoli, dinanzi al palazzo) dürfen wir
bei ihm wohl nicht annehmen.

I. Formelle Entwicklung der Präpositionen avant und devant.

Aus der lateinischen Präposition ante ging zunächst nach Abfall
des auslautenden e (wie ben, bien aus bene u. s. w.), die Form ant
hervor; Pass. 9, 40. Neben dieser durch Vertauschung der Mutae
gleicher Lautstufe anc; Pass. 14, 10. An erstere Form wurde, wahrscheinlich auf Einfluss des flexivischen s der Declination, (vgl. des
abantz, abantz Substantivum,) wesentlich aber zum Zweck eines leich-
teren Anschlusses, eines fliessenderen Ueberganges von der unbetonten
Präposition zu dem Anfangsvocal des folgenden Hauptwortes, zu dem
sie begrifflich gewissermassen Präfix war, ein s angehängt, welches mit
t zu z werden musste. Siehe die Form anz Pass. 14, 14. In den
ersten Jahrhunderten der altfranz. Sprachperiode ist diese Form noch
vielfach als Präp. gebraucht, später ist sie vorwiegend Adverb. Statt
des schliessenden z auch bisweilen der einfache harte s-Laut, ans oder
anç.˙ Durch Diphthongirung des a entstanden die Nebenformen ainz
und einz, auch ains und eins. Diese Diphthongirung ist von der Sprache
überhaupt sehr willkürlich gehandhabt worden, vgl. aime und amo,
âme, früher ame (noch bei Racine) aus ama, aus anima.

Aus ante ipsum entstand ein Adverbium, welches mit anz gleich-
bedeutend war, („vorher" und „lieber," „eher") und in den Formen ançois,
ainçois, ainsois, verkürzt auch çois, sois, chois (in Al. d'Alb. anceys)
auftritt. In präpositionaler Anwendung kommen dieselben nicht vor.

Anz und ançois, sowie ihre Nebenformen, verschwanden aus der
Sprache im Verlaufe des 16. Jahrhunderts.

Aus der Vreschmelzung von ab und ante ging hervor die Form avant;
die Erweichung des b zu v ist sehr gewöhnlich, vgl. avoir aus habere.
Avant findet sich in dieser Gestalt schon in den Eiden. In der Pass.
zeigt sich einmal abantz; vgl. oben anz neben ant. Endlich trifft man
bisweilen, aber nur in sehr alten Sprachdenkmälern, die Form avan.
Der Buchstabe t nach n im Auslaute fällt häufig aus, besonders
gern in Conjugationsformen. (Das ´auslautende feste n im Gegensatze zu dem beweglichen n.) Avan toz, Pass. 11, 13.

Die Verbindung von de, ab und ante lieferte zunächst die Formen davant, davan (Pass. 11, 24). Vom 11. Jahrhundert ab ist devant die übliche Gestalt dieser Contraction. (Siehe Rol. und L. d. R.) Diese Formveränderung hängt mit dem Begriffe von devant eng zusammen und wird unter II. ihre Erklärung finden. Daneben auch de devant. Die üblicheren Formen devant und avant gingen als die allein gültigen unverändert in die neufranz. Sprache über.

II. Begriffliche Entwicklung der Präpositionen avant und devant.

A. Avant und Devant im altfranzösischen Sprachgebrauche.

1. Avant.

In avant liegt der Begriff des lateinischen ante ursprünglich prä-cisirt, indem der Gegenstand, auf welchen die Beziehung v o r ange-wandt ist, speciell durch a b als der Ausgangspunkt der in diese Be-ziehung hineingedachten Richtung dem Bewusstsein vorgeführt wird. Dieses ab lässt zu gleicher Zeit erwarten, dass die etwaige durch avant ausgedrückte Art der Bewegung die von einem Gegenstande fort, na-natürlich von der Vorderseite desselben ausgegangen, sein wird. Avant scheint aber schon früh einen Theil der Modification, die ab ihm gab, die deutlich empfundene Beziehung zu einem bestimmten Gegenstande, von welchem die Vorstellung „vor" ausgeht, eingebüsst· zu haben, was um so leichter geschehen konnte, als ab der Sprache Galliens als eigen-thümliche Präposition früh verloren ging. Durch den Gebrauch desselben als Präfix bei Verben und Substantiven konnte seine Bedeu-tung dem Sprachbewusstsein nicht erhalten werden, da diese Redetheile als fertige Gebilde mit einheitlichen, bestimmten Begriffen aus dem Latein herübergenommen wurden, ohne dass man fühlte, dass ein Theil der betreffenden Begriffe der modificirenden Kraft des ab zukam. Die franz. Sprache hat das lateinische ab nie gekannt. Das altfranz. avant wird also nicht mit Beziehung auf einen bestimmten Gegenstand, nicht präpositional gabraucht. Man wandte es an, wenn der Gegenstand, auf welchen die Idee „vor" sich bezieht, die dieser Idee entsprechende Bewegung selbst ausführen sollte. Dass avant nur Adverbium war, ist im Grunde für die altfranz. Grammatik nebensächlich, da jedes Adverbium, sobald es sein Begriff überhaupt zulässt, auch als Präp. im Altfranz. auftreten konnte. Vgl. contreval und andre. Der Be-griff v o r w ä r t s, w e i t e r, dem das alte avant entspricht, mit unbewusster, an sich klarer Beziehung auf das Subject oder Object des Satzes, bedurfte eben keiner nähern Bestimmung.

In der Passion du Christ (10. Jahrhundert) kommt avan einmal als Präp. vor, avan toz, 11, 14. Später ist es nur Adverbium in der oben angegebenen Bedeutung, und zwar:

a) Räumlich: ki sempres vint avant, V. d'Al. 22, 36; si est chaeit avant, Rol. 35, 16; aleir avant, Serm. d. B. 102, 32; si garda avant devant lui, C. d. G. 139, 3. Also sobald der Gegenstand, auf welchen das Verhältniss vor sich bezieht, satzlich angegeben ist, setzt man devant, selbst wenn es der Gegenstand ist, auf den avant logisch Bezug nimmt u. s. w. Noch im 16. Jahrhundert herrschte im Allgemeinen die alte Unterscheidung von avant und devant, doch kommt avant schon hin und wieder als Präp. vor: Rab. G. I, 10: j'entre plus avant en ceste matiere que . . . . ., I, 5: beuvez tousjours avant la soif.

b) Zeitlich: a cest esté avant, H. d. B. 57, 8. Ein treffender Beleg für die Freiheit, mit welcher man im Altfranz. die Begriffe verknüpfte, eine Freiheit, wie wir sie ähnlich in der Sanskritsprache und im Griechischen antreffen. Man darf also auf die Unterscheidung der Wörter nach grammatischen Redetheilen für das Altfranz. nicht zuviel Gewicht legen; der Begriff ist die Hauptsache. — Mes feites vos avant conter — Ce qu'il avoit encomancie, Chev. au Lyon, v. 102 (Ausgabe Holland). Avant kann nur weiter heissen; vorher würde heissen devant. (Siehe unten.)

Zur deutlicheren Versinnlichung seines Begriffes nahm avant schon früh die Präp. en gern zu sich. Auch en avant wird für Raum- und Zeitverhältnisse gebraucht. D'ist di en avant, Serm. 3, 21; mais en avant vos cio aurez, — cum il edrat par mala fied (aber weiter werdet ihr nun das hören, wie u. s. w.) V. d. L. 16, 20; dunc se purpenset del secle an avant, V. d'Al. 18, 13 (an die künftige Zeit); qu'il ne poet en avant, Rol. 35, 11, u. s. w.

Diese Gebrauchsweisen von avant hat die neufranz. Sprache beibehalten (siehe unter B), mit der Beschränkung, dass es, als Adverbium, nun nicht mehr attributiv gebraucht werden kann.

2. Devant.

Avant verlor also sehr bald für das Sprachbewusstsein die anschauliche Beziehung seines räumlichen Begriffes auf einen bestimmten

Gegenstand, die dieser Präp. hätte beiwohnen sollen. Dieselbe wurde
nach Analogie der übrigen, auf ähnliche Weise modificirten Präpositionen
von Neuem geschaffen durch Composition von avant mit de, in der Form
davant. Die altfranz. Sprache bezog also in bewusster Weise (siehe
weiter unten) das Verhältniss vor immer auf den Gegenstand, für den
es eben dies Verhältniss war; diese Beziehung konnte nach dem Verschwinden der Präp. ab nur durch de ausgedrückt werden. Um diese
Zusammensetzung in ihrem eigentlichen Wesen ganz zu verstehen,
muss man sich erinnern, dass im Altfr. die Präpositionen, mit Ausnahme
derjenigen, in welche ein räumlicher Inhalt überhaupt nicht hineingedacht werden konnte (de, a), mehr als in anderen Sprachen einen substantivischen Charakter annehmen konnten. Davant ist „das Vor (der
Vorraum) von einem bestimmten Gegenstande aus gerechnet." Die
Idee der Bewegung oder Ruhe liegt in demselben nicht enthalten, die
eine oder andre wird in freier Weise aus dem Verbalbegriff hinzuer-
gänzt. Seiner Natur nach gestattete nun davant eine dreifache grammatische Anwendung; 1) sein Begriff wurde durch den Artikel indivi-
dualisirt, und davant war selbständiges, rectionsfähiges Substantiv,
le davant de = der Vorraum von. 2) Als Bezeichnung eines Raum-
verhältnisses war es als Präposition verwendbar: Davant l'ested le
pontifex = in dem Vor von ihm aus stand ....; davant Pilat l'en
ant menet = in das Vor von Pilatus uns haben sie ihn von da geführt.
3) Als Adverbium, zeitlich, heisst davant in dem Vor von dem betreffenden Ereignisse aus, d. h. vorher.

Bald wurde jedoch die Form davant ersetzt durch devant. Einer
blossen Schwächung des a zu e dürfen wir diese Aenderung nicht zu-
schreiben. Der Begriff des in avant enthaltenen de war dem Sprachbewusstsein deutlich gegenwärtig, derselbe sollte seinem Werthe nach
auch sprachlich deutlicher dargestellt werden. So wurde aus davant:
devant, trotzdem man in dem verwandten avant noch das a besass.
Ein Beweis für diese Auffassung ist ohne Zweifel die Erscheinung,
dass man vor devant bisweilen pleonastisch ein zweites de findet, offenbar zur klareren Versinnlichung der in dem devant durch de bewirkten
Modification.

Devant wird nun gebraucht im Altfranz. a) als Präp.

α. Für Raumverhältnisse. Davant l'ested le pontifex, Pass. 9, 24;
davant Pilat l'en ant menet, Ebd. 10, 5; de davant lui, Ebd. 11, 7;
davan la porta del ciptat, Ebd. 11, 24; davant le rei, V. d. L. 14, 32;

dedevant voa juster e enrager, Rol. 34, 4; dedevant lui ad une pere
brune, Ebd. 37, 4; devant sa face irad la mort, C. Hab. 43, 6; devant David parlad, L. d. R. 46, 40; la parole vint devant le rei, Ebd.
47, 20; de devant nous meismes X liepreus a sanés, B. d. Sap. 71, 41 ;
devant tos les altres se mist, Rou, 93, 19; le mattons davant l'eswart
de nostre cuer, St. B. 103, 8; de devant le forest ot un pont torneis,
R. d'Al. 110, 18; u. s. w.

Wie sehr man im Altfranz. die Begriffe der als Präpositionen gebrauchten Formen beachten muss, mögen folgende Beispiele, welche leicht
missverstanden werden können, beweisen: sis esquiers alat devant, L.
d. R. 45, 38; nicht: „sein Knappe geht vorwärts" sondern „er geht
seinen Knappen voran"; tels vestements qu'il ont li vont devant getant,
„werfen sie ihm vor", B. d. Sap. 69, 30; qui vont devant, R. d'Al.
108, 32, nicht „welche vorwärts gingen" sondern „welche vor (nämlich ihnen) gehen. Bei der sehr unbestimmten grammatischen Bedeutung dieser Wörter im Altfranz. finden wir dieselben bald mehr adverbial, bald mehr präpositional in Hinsicht ihrer Stellung in der Satz-
construction gebraucht, ohne dass wir einen solchen grammatischen
Unterschied annehmen dürfen. — Man beachte auch folgende Beispiele
aus Perceforest, 463, 46: vindrent devant le roy, und 464, 18 passa
avant ung chevalier, ein Ritter schritt vorwärts. Wie leicht wäre eine
irrthümliche Auffassung der letzteren Construction möglich, die Be-
trachtung des avant als Präp. nach Analogie des devant der ersteren.

β. Für Zeitbestimmungen. Devant versetzt ein Ereigniss oder
einen Zustand in die Zeit, welche einem der Vergangenheit angehörigen
Momente vorangeht. Ce fu un poi devant Noel Ren. 230, 6 ; Romance
du Chap. de Loon, 303, 32: Un petit devant le jour; Environ deux
heures devant le jour Phelippe dist:....., Fr. 405, 15; u. s. w.

Hierhin gehört der Gebrauch von devant que oder devant ce que
als Conjunction. Für das Altfranz. ist devant in dieser Verbindung
als reine Präposition zu betrachten. Que ist für das Sprachbewusstsein
noch nicht ein inhaltloses Formwort zur formellen Unterscheidung der
Conjunction von der entsprechenden Präp.; es wird als wirkliches
Relativpronomen aufgefasst, selbst wenn das entsprechende Demonstra-
tivum satzlich fehlt. — In der Passion du Christ finden wir einmal
ant que: ant que la noit (negit) 9, 14; später immer devant que oder
ce que: Devant ce que nos vos aions conté, vint une novele en l'ost,
C. d. Const. 214, 3; devant que fuisses né, B. d. Sap. 70, 18. (Da-

für auch ains que und Nebenformen: ains que chaiens entrast, B. d.
Sap. 70, 38).

Das Vor der Vergangenheit, welches auf die Gegenwart des
Sprechenden Bezug nimmt, nicht auf ein bestimmtes, in der Vergangenheit liegendes Ereigniss, ist stets durch il y a dargestellt worden, doch
wird die Partikel y im Altfranz. gewöhnlich ausgelassen.

Il m'avint, plus a de VII. anz — Que je seus come paisanz —
Aloie querant aventures. Chev. au Lyon, v. 173.

b. Devant als Adverbium der Zeit giebt an, dass ein Ereigniss
zeitlich einem anderen, gedachten vorangeht. Wesentlich ist davant
in diesem Falle ebenfalls Präp., indem es sich immer auf einen bestimmten Begriff bezieht, der aber, weil die Beziehung von devant auf denselben an sich klar ist, nicht satzlich ausgedrückt wird, nur dem Denken vorschwebt. — cume il out devant parled, L. d. R. 47, 17; Il est
assez plus esbahiz qu'il n'estoit devant, R. d. Tr. 116, 33; et la dame
ot son parlemant — devant tenu a ses barons, Chev. L. 138, 3; et
cil qui devant fu peschoit, C. d. G. 137, 38; ains la doit on miels
servir ke davant, Jeu-Parti 320, 20 u. s. w.

Auch in dieser Bedeutung tritt ains und seine Nebenform auf,
z. B. non i fud naz emfes anceys, L'Al. d'Alb. 26, 24.

c. Das altfranz. devant ist Substantiv mit der Bedeutung: die
Vorderseite, oder besser: der Raum vor der Vorderseite: Vivien fist en
son devant ester, H. d. B. 67, 5; en sun devant se dort, Ph. d. Th.
73, 36. Hier ist besonders der Fall in Betracht zu ziehen, wenn zu
diesem devant andere Präp. zur Darstellung präpositionaler Beziehungen
hinzutreten.

α. Devant hat vollständige substantivische Selbständigkeit und
Rectionskraft in denjenigen Zusammenstellungen mit anderen Präp.,
in denen es durch den Artikel als Substantiv gekennzeichnet is; es
verlangt alsdann mithin das possessive de nach sich.

Die einzige Verbindung dieser Art, welche die franz. Sprache gekannt hat, ist au devant: et ceulx qui estoient au devant de l'ost, Fr.
404, 26; et avoient au devant d'eulx ung fossé, Ebd. 405, 25, in den
Raum vor, oder in dem Raume vor. Siehe à.

β. Ist devant in Verbindung mit anderen Präp. nicht durch den
Artikel als Substantiv hervorgehoben, so tritt es als eigentliche Präp.
unmittelbar vor ein Hauptwort. Dies ist der Fall mit pardevant: par
dedevant l'arçon coula, Rou 99, 17; si l'amena par devant le nou-

veau chevalier, Perc. 466, 45, in (siehe par) den Raum vor. Auch
de devant verdient hier erwähnt zu werden.   Beispiele siehe unter a.

Anmerkung. Neben dem attributiven Gebrauch von devant (siehe avant)
kommt auch schon im Altfranz. die Verbindung dieses Wortes vermittelst
de mit seinem Substantivum vor: a la porte devant, Moralité 445, 26; la
porte de devant, Com. 476, 37; aprés vendras a l'uis devant, Rose 298, 17;
la nuit de devant. Dom, 472, 37. Devant hat in dieser Verbindung den
grammatischen Werth und die Bedeutung, die es als Adverbium hat. Siehe b.

B. Der neufranz. Gebrauch von avant und devant.

Obiger Gebrauch von avant und devant kann bis zum 16. Jahrhundert als normal angesehen werden, wenngleich man wohl nicht
mehr eine lebhafte Vorstellung von der Bedeutung des de in devant
hatte.   Dieser Umstand ist es wohl, welcher in sofern eine Vermi-
schung dieser beiden Wörter herbeiführte, als avant schon hin und wieder
als Präp. auftritt.   Folgende Beispiele mögen den Sprachgebrauch des
16. Jahrhunderts in Hinsicht dieser Formen darthun: j'entre plus
avant en ceste matiere . . . ., Rab. G. I, 10; beuvez tousjours avant
la soif, Ebd. I, 5; le menarent devant Grandgousier, Ebd. I, 55; devant disner, Ebd. I, 24; devant que soy retirer, Ebd. I, 23; faulcon-
nerie estoit au devant d'icelles.   Ferner bei Noël du Fail (siehe
Archiv, XI, pag. 50): huit jours devant, Eut. 8; deux ans devant,
Eut. Also devant noch in dieser, nach der heutigen Grammatik adverbialen Stellung.   Paravant l'etablissement des juges présidieux, Ebd.
Eut. 30.   Devant la création du monde, Calvin 291; devant ce jour,
Ebd. 61; si nous sommes bien heureux devant la résurrection, Ebd. 85.

[Wenn der Herr Oberlehrer Günther (Archiv XI, 50) meint,
devant stehe in huit jours devant, deux ans devant für heutiges il y
a, so glaube ich das nicht.   Devant ist nie so gebraucht worden.
Zwar ist mir der Noël du Fail selbst nicht zugänglich, aber ich bin
fest überzeugt, dass devant in diesen Wendungen heute durch anpara-
vant wiederzugeben wäre.]

Die Verwirrung, welche in den Gebrauchsweisen von avant und
devant eingetreten war, wurde endlich in Folge des Strebens nach einer
einheitlichen sicheren Grammatik, welches im Anfange des 17. Jahrhunderts nach allen Seiten hin reformirend in der Sprache wirkte, in
rein äusserlicher Weise beseitigt.   Jeder Form wurde eine Gebrauchs-

sphäre angewiesen, die nicht nach dem eigentlichen ursprünglichen
Begriffe der einen oder andereren abgemessen war.
Die neufranz. Sprache gebraucht

1. Avant.

a. Als Präposition.

Das 16. und 17. Jahrhundert verstanden avant und devant in
ihren ursprünglichen Bedeutungen für die Sprache durchaus nicht mehr.
Eine Fixirung jedes der beiden Begriffe musste stattfinden, und avant
übernahm als Präposition wesentlich die Beziehung des prius, zunächst
und vor allen Dingen bei Zeitverhältnissen. Den Anstoss hierzu gab
ohne Zweifel die im Altfranz. als Zeitadverbium gebrauchte mit dem
Adverbium devant synonyme Verbindung paravant (vgl.: in voraus =
vorher!) oder auparavant, mit doppelter Bezeichnung der Beziehung
in: beaucop la loa et plus que paravant l'ama, Les cent nouv. nouv.
432, 42. Dieses paravant hatte die Bezeichnung des zeitlichen vor
auszudrücken, und wurde in der Sprachverwirrung des 16. Jahrhunderts, in welcher die Schriftsteller alle Wörter, in die sie nicht durch
directe Anlehnung an das Lateinische einen speciellen Begriff hinein-
legen konnten, in ihrem herkömmlichen Gebrauche eben nicht sehr
achteten und schonten, als Präposition verwandt: paravant l'établisse-
ment des juges présidiaux, Noël du Fail, Eut. 30. Noch Corneille
gebraucht einmal auparavant als Präp.: Je l'estimai jadis, et je l'aime
et l'estime — Plus que je ne faisais auparavant son crime. Mélite.
(In diesem Stücke finden sich noch manche Anklänge an den älteren
Sprachgebrauch.) Ein altfranz. auparavant als Präp. hätte de nach
sich haben müssen!, — Diese Formen waren jedoch als Präp. unbe-
quem; ebensowenig Bedenken man getragen hatte, aus ihnen Präp.
zu machen, so wenig scheute man sich auch, sie durch das einfachere
avant zu ersetzen. Schon Rabelais gebraucht dies neben devant zur
Bezeichnung des zeitlichen Vor. Im 17. Jahrhundert wurde avant
allgemein als alleiniges Mittel zur Bezeichnung dieses Verhältnisses anerkannt. — Als wesentliche Bedeutung dieses avant gegenüber devant
ergab sich von selbst die des prius; wo dieselbe Idee in räumlichen
Beziehungen die vorherrschende war, trat ebenfalls avant zu Bezeichnung derselben ein.

α. Beispiele für avant als Präp. der Zeit: Ceux qui ont été avant
nous. Ac. Les hommes d'avant le déluge. Ebd. Avant la naissance

13*

de Jésus-Christ, ou simplement avant Jésus-Christ. Ebd. J'ai vu cela avant vous. Ebd. Avant Pâques. Ebd. Bien avant l'époque dont il s'agit. Ebd. Avant la fin de l'année. Ebd. Avant l'heure. Ebd. u. s. w.

β. Avant sert à marquer Priorité d'ordre et de situation. Ac. Durch avant, als specielle Bezeichnung des prius, wird der Gegensatz zu après hervorgehoben. (Siehe devant.): La maison où il loge est avant l'église, en venant du côté de .. Ac. Il faudrait mettre ce chapitre avant l'autre. Ac. Il faudrait mettre les histoires générales avant les histoires particulières. Ebd.

γ. Avant dient zur Bezeichnug des Vorranges oder Vorzuges, wenn die Idee des prius besonders hervorgehoben werden soll, wenn also der Gegensatz zu après vorschwebt: Le roi est avant le ministre (et non pas après). Je désire avant tout (avant toutes choses) que cela reste secret. Ac.

b.   Avant als Conjunction.

Das Altfranz. gebrauchte und konnte nur gebrauchen devant, sowohl in devant que (antequam, devant = vorher) als in devant ce que (devant Präp.). Siehe A. 2. Devant que fuisses né, B. d. Sap. 70, 18; Devant ce que nos nos aions conté, C. d. Const. 214, 3.

Devant que bleibt Conjunction im 16. Jahrhundert: devant que soy retirer, Rab. G. I, 28.

Sobald sich die Form avant als Präp. der Zeit allgemeine Anerkennung verschafft hatte, wurde avant que die entsprechende Conjunction. Noch Racine gebraucht einmal devant que als Conjunction: Si devant que mourir, la triste Bérenice etc. Bér.

Vor dem Infinitiv hiess die altfranz. Conjunction devant que. Im 17. Jahrhundert herrschte das Bestreben, den Infinitiv durch das Formwort de zu markiren, wenn er nicht schon von einer anderen Präp. begleitet war, oder wenn die Art seiner Beziehung zu einem persönlichen Verbum der Verbindung beider vermittelst eines inhaltlosen de nicht widersprach. So liebte man es jetzt, avant que de vor den Infinitiv zu setzen. Doch war diese Verbindung um so steifer und unschöner, 'als in derselben zwei blosse Formwörter erschienen, in welche das Bewusstsein des Sprechenden keinen Inhalt hineindenken konnte. Man gebrauchte daher daneben avant que und avant de. Erst im

18. Jahrhundert wurde avant de als die einzige richtige Form dieser Conjunction vor dem Infinitiv allgemein anerkannt: avant que de la commettre, Pascal, L. IV; avant de la publier, Ebd. L. XII; Faut-il tant de fois vaincre avant que triompher, Corn. Pol. Avant que de partir, Rac. Brit. Mais avant que partir, je me ferai justice, Ebd. Mithr.
— Bemerkenswerth ist die Kritik, welche der Abbé d'Olivet zu letzterem Verse giebt: On doit toujours dire en prose avant que de: mais en vers on se permet de supprimer l'un des deux, quand la mesure y oblige. Aujourd'hui la plupart de nos Poëtes préférent avant de. Racine (?) et Despréaux ont toujours dit avant que. Rien n'est plus arbitraire, à mon gré. Mais plusieurs de ceux qui écrivent aujourd'hui en prose et qui se piquent de bien écrire, veulent, à la manière des Poëtes, dire avant de. Pourquoi toucher à des manières de parler qui sont aussi anciennes que la Langue (?)? Trouvent-ils quelque rudesse dans avant que de? Der Abbé de Desfontaines, der „vengeur de Racine" gegen den Abbé d'Olivet, entgegnet hierauf: Avant que faire quelque chose est aujourd'hui suranné (also alte Form), et il faut dire absolument avant que de ou avant de comme font la plupart des personnes qui parlent et écrivent bien. C'est un usage commun et reçu. Man sieht, wie sehr die Gebrauchsweisen dieser drei Formen im 17. Jahrhundert noch schwankten.

c. Avant als Adverbium. Bedeutung und Gebrauch wie im Altfranz., das räumliche und zeitliche vorwärts, weiter. In freierer Weise auch bei Verben, welche nicht die Idee einer Bewegung enthalten, entsprechend unserm gar sehr, zu sehr. Tes feux n'iront-ils point plus avant que la rime? Corn. Mél. Tu crois donc que j'en tiens? — Fort avant. Ebd. N'allez pas si avant. Ac. Il entra assez avant dans le bois. Ebd. Le coup entra fort avant dans le corps. Ebd. N'allons pas plus avant. Ebd.

Für das altfranz. devant als Zeitadverbium (vorher) ist jetzt auparavant gebräuchlich. Si vous voulez vous en aller, dites-nous auparavant ce qu'il faut faire. Ac. Je l'en avais averti longtemps auparavant. Ebd. Un mois, un an auparavant. Ebd. — In attributiver Verbindung mit einem Substantiv jetzt d'avant (früher einfach devant): Le jour d'avant, la nuit d'avant, etc. Ac. --- Als Ortsadverbium ist das alte devant in der Bedeutung „vorher, vor diesem" gebräuchlich geblieben. (Siehe weiter unten!)

2. Devant.

a. Als Präposition.

α. Zur Bezeichnung räumlicher Beziehungen.

Bei der Reform des 17. Jahrhunderts liess man der Form devant
die Darstellung des räumlichen Verhältnisses, welches wir durch vor
ausdrücken. Die wesentliche Idee, welche der neufranz. Präp. devant
in allen Beziehungen zu Grunde liegt, ist die des Gegenüber der Vorderseite eines Gegenstandes. A l'opposite, vis-a-vis, en face. Ac. (Nicht
prius, wie avant). Se mettre devant quelqu'un pour lui barrer le pas-
sage. Ac. Regarder devant soi. Ebd. Mettez cela devant le feu. Ebd.
Avoir toujours une chose devant les yeux. Ebd. Passer devant quelqu'un sans le voir. Ebd. Dieser speciellere Begriff, den das neue devant im Gegensatze zu avant erhielt, macht es besonders geeignet zur
Darstellung des Verhältnisses, für welches der Lateiner coram (in
Gegenwart, gleichsam vor den Augen) verwandte: Il a prêché devant
le roi. Ac. Parler devant une grande assemblée. Ebd. Cela fut dit
devant plus de vingt personnes, devant des témoins, devant témoins.
Ebd. Il n'ose paraître devant vous. Ebd.

β. In ethischer Beziehung gebraucht der Franzose sein devant,
indem er dem betreffenden Verhältnisse die Idee des räumlichen vor,
d. i. der Vorderseite gegenüber, deutlich und bewusst zu Grunde legt.
So bei Vergleichungen: Devant versinnlicht die Vorstellung, dass
ein Gegenstand einem anderen zur Vergleichung gegenübergestellt wird.
Cette prière n'était rien devant ce que désirait Ordener. Maetzner,
pag. 264. — Devant giebt an, dass in einer Reihenfolge ein Gegenstand sich vor einem andern befindet. Der eine Gegenstand erscheint
als der der Vorderseite des anderen gegenüberliegende; die Idee der
Bewegung gehört ausschliesslich dem Verbum an. (Wir verbinden
sie nicht schlechthin mit demselben: Vor Jemandem hergehen.) Dieselbe Vorstellung liegt devant dann zu Grunde, wenn es einen Rang-
unterschied bezeichnet. C'est mon ancien, il marche devant moi. Ac.
Il a le pas devant moi. Ebd. — Devant dient zu subjectiven Maass-
bestimmungen. Der zu messende Gegenstand wird gedacht als der
messenden Person gegenübergestellt: Trop indigne à mes yeux d'amour
ou de colère — Tu n'es rien devant moi. Lamartine. Les cultes diffé-
rents sont égaux devant lui. Chénier (Mätzner). Was den Begriff
von devant betrifft in diesen ethischen Verwendungen, so sind dieselben

lediglich als specielle Gebrauchsweisen von α anzusehen. Der Begriff
der neufranzösischen Präp. devant ist durchaus einheitlich und bestimmt.

b. Devant in Verbindungen, welche, als ein Ganzes genommen,
eine einheitliche präpositionale Beziehung ausdrücken.

Par-devant hat seine altfranz. Bedeutung (Theil A) beibehalten,
ist aber nur noch im Gerichtsstile üblich, en termes de Pratique. Ac.
Par-devant le magistrat. Ac. Un contrat passé par-devant notaire.
Ebd. Un acte par-devant notaire. Ebd. — Au devant de, Bedeutung
und Gebrauchsweise wie im Altfranz.: Et courut presque seul au-devant de leurs coups. Rac. Al. — Prends cette lettre, cours au devant
de la Reine. Ebd. Iph. On vint au-devant de moi. Ac. Il va
toujours au-devant de tout ce qu'on peut désirer de lui (zuvorkom-
men). Ac.

c. Devant als Adverbium. Bedeutung noch wie im Altfranz.
(vorher, vor diesem, siehe A). Die Gebrauchsweise desselben ist aber
in soweit beschränkt, als für das zeitliche vorher, vor diesem jetzt
auparavant die üblichere Bezeichnung ist. (Siehe B. 1.) — Die be-
wusste Beziehung auf einen gedachten Gegenstand unterscheidet das
Adverbium devant von avant, auf dieselbe Weise, wie im Altfranz.
Si vous êtes si pressé, courez devant (vgl. courez avant). Ac. Mettez cela devant ou derrière. Ebd. Pour mieux cacher ces livres, mettez
cela devant. Ebd. Il est là devant. Ebd. Zeitlich: Zu Comme devant =
comme autrefois macht das Dict. de l'Acad. die Bemerkung: Il vi-
eillit. Erhalten hat sich dies devant noch in dem attributiv gebrauchten
ci-devant (unser weiland): Ci-devant gouverneur. Ac. Les ci-devant
récollets. Ebd. (In dem bei Mätzner angeführten Beispiele: Allons,
va devant, nous te rejoignons, Dumas, finde ich keine Beziehung auf
die Zeit, wohl aber auf den Raum.)

d. Endlich ist auch im Neufranz. devant noch wirkliches Substantivum, in der Bedeutung: die Vorderseite (vgl. au-devant de
unter A). Votre cheval est blessé sur le devant (an der Vorderseite).
Ac. Le devant de la tête. Ebd. Le devant d'un habit, d'une jupe,
d'une robe. Ebd. Le devant de la maison. Ebd. Les devants d'un
tableau (Vordergrund). Ebd. Prendre les devants (den Vorsprung ab-
gewinnen). Ebd. Si vous ne prenez les devants dans cette affaire, vous
êtes perdu. Ebd.

Hors, Dehors.

I. Formelle Entwicklung.

Hors beruht auf dem lateinischen foras, foris (provenzalisch: foras, fora, fors, for; italienisch: fuora, fuori, fuore; spanisch: fuera; portugiesisch: fora). Nach franz. Lautgesetzen fällt in jedem Worte der Vocal hinter der Tonsilbe aus, wofern dieser Ausfall nicht eine dem Sprachgefühle übel klingende und für den Franzosen nicht leicht auszusprechende Consonanz ergiebt (einige Fälle der Declinations- und Conjugationsflexionen, in denen der Unterscheidung wegen statt des unbetonten Vocales nach der betonten Silbe eines Wortes ein tonloses e eintreten musste, schaden der Allgemeinheit dieser Regel nicht). So musste die altfranz. Form des lateinischen foras sowohl, wie foris nothwendig lauten fors. Die franz. Sprache und die provenzalische liebten es, im Gegensatze zu den übrigen romanischen Sprachen, das s des Auslautes auch ausserhalb der Declinationsflexionen festznhalten, und zwar war in ersterer diese Neigung noch entschiedener, als in letzterer. So ist es erklärlich, dass wir im Altfranz. neben fors nicht eine Form ohne s finden; im Mystère d'Adam, wo sich einmal allerdings die Form for findet — for le filz que istra de Marie, 82, 24 — wird diese auf irgend eine rationelle Weise als fehlerhaft zu erklären und fors herzustellen sein.

Neben fors ist im Altfranz. schon früh die Form hors üblich, und zwar kommen beide Formen bei denselben Autoren vor, gehören also nicht verschiedenen Dialecten an. Die Vertauschung der labialen Aspirate mit der blossen Aspiration ist eine Erscheinung, welche viele Sprachen zeigen; vgl. die altlateinischen Formen: fordeum, faedus, fostis mit denen der späteren Latinität: hordeum, haedus, hostis. Mit fors und hors findet sich de zusammengesetzt, defors, dehors. Bis gegen Ende des 16. Jahrhunderts sind die Formen mit h im Anlaut neben denen mit f gebräuchlich, Rabelais hat noch beide. Im 17. Jahrhundert wird in Folge des Strebens nach einheitlicher, bestimmter Schreibweise hors als die allgemein anzuwendende Form aufgestellt und allmälig als solche anerkannt.

II. Begriffliche Entwicklung.

Die lateinische Präp., welche dem heutigen hors der franz. Sprache begrifflich gleichkam, war extra. Diese ging nicht plötzlich unter, als sich die romanischen Idiome aus dem Latein entwickelten; sie ging

mit in die neuen Sprachen, wenigstens in die des nördlichen Frankreich, hinein und wurde allmälig durch foris verdrängt. Dieser Process
begann ohne Zweifel schon sehr früh, sobald foris eine präpositionale Natur angenommen hatte, d. h. schon im Mittellatein, bevor von unter-
schiedenen romanischen Sprachen die Rede sein kann. Aber noch im
10. Jahrhundert finden wir die Präp. estre = extra: rei volunt fair
estre so gred, V. d. L. 15, 12; estre so gret ne fisdren rei, Ebd. 15,
14. Nach dem 10. Jahrhundert kommt sie aber nicht mehr vor. —
Der Grund des allmäligen Verschwindens dieser Präp. aus der Sprache
ist das formelle Zusammenfallen derselben mit dem verbum substantivum.
Die Consonantenverbindung xt war der bequemlichen Vulgärsprache
zu hart, zu schwierig auszusprechen; es wurde daraus stets st, vgl.
juste, joste für juxta u. s. w. So musste extra dieselbe Form ergeben
wie essere = esse. Die Möglichkeit eines Missverständnisses machte
die Präp. estre zu einem unpraktischen Sprachmittel.

Andrerseits muss foris den Volksidiomen sehr geläufig gewesen
sein, es wurden mit Hülfe desselben eine Anzahl neuer Wörter geschaffen, welche sich auf das Verhältniss der Fremde zur Heimath
beziehen (vgl. italienisch forestierc, foriere, forviare), während die lateinischen Wörter ähnlichen Inhaltes andere, zum Theil dem Sprach-
bedürfnisse bisher fremde Begriffe erhielten (vgl. pêlerin; aliéner, alié-
nation).

Die lateinischen Adverbien foris und foras versetzten nun einen Gegenstand in den weiten Raum ausserhalb eines bestimmt begränzten
Ortes, wofern diese Beziehung nicht präpositional ausgedrückt war, der
bestimmte Ort also nicht sätzlich angegeben war, sondern sich mit Leich-
tigkeit aus dem Gedankenzusammenhange ergänzte. Der präpositionale
Ausdruck dieser Beziehung war extra. — Schon mehrfach hat darauf hingewiesen werden müssen, dass die altfranzösische Sprache, und wir
können allgemeiner sagen: die aus dem Latein hervorgehenden Volksidiome,
schon früh die Unterscheidung von Präp. und Adverbien als streng
geschiedenen grammatischen Redetheilen verlernten, dass sie den Begriff eines Wortes auffassten und diesen, wenn seine Natur es erlaubte,
bald als Präp., bald als Adverbium verwandten. — Dies ist für eine
Sprache, welche sich noch in einem mehr primitiven Naturzustande, in
einem Zustande der Kindheit befindet — und so lässt sich der Zustand
dieser rohen Vulgärsprachen (man bedenke die historischen Verhältnisse) wohl bezeichnen, auch das Greisenalter hat seine Kindheit —

nicht nur erklärlich, sondern sogar natürlich. Alle Präpositionen der
indogermanischen Sprachen sind hervorgegangen aus Wörtern, welche
ursprünglich ihrem grammatischem Werthe nach Adverbien waren.
Die Beziehung solcher Adverbien zu einem Begriffe wurde, zunächst
wohl nur bisweilen, präcisirt durch ein, dem betreffenden Nomen
angehängtes Wörtchen, welches durch seinen Inhalt die Art dieser
Beziehungen noch mehr verdeutlichte, ob von-her, nach-hin u. s. w.
(Dieselbe Erscheinung, nur in etwas andrer Art, indem die Suffigirung
der Beziehungswörtchen nicht stattfindet, treffen wir fast in allen indoeuro-
päischen Sprachen an, die sich ihre Präpositionen erst selbst von Neuem
haben schaffen müssen, die also nicht direct aus der indo-germanischen
Ursprache durch fortschreitende Entwicklung derselben hervorgegangen
sind; englisch into, from of u. s. w., auch franz. hors de gehört hierher.) Aus der Verschmelzung dieser Suffixe mit dem andern Wortstamme
gingen später die Casus hervor; jetzt regierten derartige Adverbien
Casus und wurden das, was wir uns unter Präp. vorstellen. — Foris
und foras wurden also Präp.: arma suorum foris urbem relinquens, Fred.
Chron. 649. Wenn Fredegarius auch noch Casusflexionen unterscheidet,
verstehen thut er sie nicht mehr; das eines richtigen Latein gänzlich
unkundige Volk seiner Zeit sah in dieser Form, wenn sich wirklich,
was sehr zu bezweifeln ist, bis dahin die Endung em allgemein erhalten,
haben sollte, nichts als den Stamm des Wortes. Daneben bestand der
adverbiale Gebrauch von fors fort.

Das Wort fors (hors) ist also für das älteste Franz. 1) Adverbium mit der Bedeutung seines Etymons, 2) Präp., welche die der
adverbialen Bedeutung entsprechenden präpositionalen Beziehungen darstellt. Als solche kann fors das diese Beziehungen deutlicher veranschau-
lichende de zu sich nehmen, und ist alsdann selbst mehr Adverbium
als Präp. 3) In der Verbindung mit que dient es zur Anreihung
von Sätzen, hat also eine nach der heutigen Grammatik conjunctionale
Bedeutung.

1. Hors (fors) als Adverbium, entsprechend unserm „hinaus":
Lors cort l'enfant fors des escus oster, H. d'Or. 68, 5; quant Englois
salent hors a cri, Rou 94, 12; fors eissir, Troie 160, 8; Andromacha
saut fors par l'us, Ebd. 164, 29; de la corbeille sailli hors, Fl. et Bl.
198, 6; de l'ostel ne me gete fors, — moi ne chaut s'on me met la
hors, Bern. 279, 5.

Das Neufranz. hat diesen adverbialen Gebrauch von hors aufgegeben. Den Ersatz dafür siehe unter dehors.

2. Hors (fors) als Präposition.

a. Das einfache fors (hors).

Die rein räumliche Bedeutung der Präp. foris des Mittellatein finden wir schon in den ältesten Denkmälern der franz. Sprache durch fors allein nicht mehr dargestellt. Das einfache fors entspricht unserer Präp. „ausser," dem neufranz. outre, excepté. Die Idee des räumlichen Getrenntseins, der Entfernung von dem Innern eines Gegenstandes trat dem Denken bei der Vorstellung dieser gedachten Bezeichnung nicht lebendig gegenüber, weshalb hier das einfache hors genügte.

Wie sehr eben hors zum Ausdrucke dieses Verhältnisses geschickt war, beweist die Verwendung unseres „ausser", des engl. „without" in demselben Falle. — Eine gewisse Analogie mit dem Verhalten von hors zu hors de könnte man in unserer Präp. „ausser" gegenüber „ausserhalb" entdecken. Beide, hors de und ausserhalb sollen das räumliche Auseinanderfallen im Gegensatze zu den einfachen hors und ausser deutlicher versinnlichen, die Mittel hierzu sind freilich durchaus verschieden.

C'onques nul hom fors vostre cors n'amai, Romance de la belle Erembor 50, 4; que il ne soient desous li aclinant — fors vostre cors (vgl. mittelhochdeutsch mîn lîp = ich,) que chi voi en presant, H. d. B. 57, 1; n'i as or plus prochain — fors damledeu le verai soverain, G. d'Or. 66, 37; fors sulement le dragun, Ph. d. Th. 75, 18; ne me ferat ja nul aie — for le filz que istra de Marie, M. d'Ad. 82, 24; ains sont de tout assés — fors conpagnie d'oume, R. d'Al. 110, 15; fors tant dont mantir ne vos doi, Chev. au lyon 134, 35; nos n'en savons — fors tant, com dit vos en avons, Ebd. v. 4944 (Ausg. Holland); ne nul nel poeit manier — fors sul la raine e Brengaine, Tr. 174, 7; tout ont trové fors la creance, Bible G. 209, 10.

Ist dies altfranz. fors der Einschränkung in allen diesen Fällen, in denen es seiner satzlichen Stellung nach Präposition sein könnte, als Präposition aufzufassen? Nein! Eines der obigen Beispiele zeigt uns dies deutlich: ne me ferat ja nul aie — for le filz que istra de Marie, M. d'Ad. 82, 24. Filz ist Nominativ, der Accusativ dieses Wortes war fil; for ist in diesem Falle also nachweislich Conjunction

204   Ueber die formelle und begriffliche

und · entspricht grammatisch unserem „ausgenommen". Die übrigen
Beispiele lassen die Natur von fors nicht erkennen, indem die betreffenden Substantive entweder keine charakteristische, von der Form des
Nominativ abweichende Accusativform haben, theils das Object durch
fors beschränkt ist, also auch nach der Conjunction fors der Accusativ
hätte stehen müssen. Wahrscheinlich war dies fors ursprünglich mehr
Conjunction, wurde aber allmälich, besonders seitdem die sogenannte
règle de l's nicht mehr beobachtet wurde, der Nominativ sich also in der
Form vom Accusativ nicht mehr unterschied, als Präp. aufgefasst. Da
die Sprache überhaupt die präpositionale Darstellungsweise der Beziehungen zwischen verschiedenen Begriffen jeder anderen vorzog, ist diese
Erscheinung natürlich; auch unser ausgenommen findet sich in der Umgangssprache bisweilen als Präp. mit dem Accusativ construirt.

Die neufranz. Sprache hat diesen Gebrauch der Präp. hors beibehalten. Ils y sont tous allés, hors deux ou trois. Ac. Hors cela, je
suis de votre sentiment. Ebd.

b. Die altfranzösische Präposition fors que, hors que.

In oder nach einem negativen (Haupt-) Satze konnte die ein-
schränkende Conjunction sowohl fors, als que sein (Beispiele siehe weiter
unten ; auch der obige präpositionale Gebrauch von hors beruht seinem
Ursprunge nach ja hierauf). In ähnlicher Weise setzen wir in diesem
Falle entweder ausser oder als. Indem das Wörtchen que in Folge
seiner mannigfachen, durchaus einer Einheit (es beruht ja nicht auf
einem Etymon) entbehrenden Verwendung allmälig in vielen Fällen ein
blosses inhaltloses Formwort, ein sprachliches Bindemittel für den Satzbau
geworden war, hatten zu gleicher Zeit die Begriffe ne und que in ihrer
correlativen Zusammengehörigkeit zur Bezeichnung der Beschränkung
eine solche Autorität über das Ohr erlangt, dass man que nach vorange-
gangenem ne nicht gern entbehrte. Ersteres war aber nicht mehr fähig, in
nachdrucksvoller Weise die Bedeutung des lateinischen quam dem Bewusstsein zu vergegenwärtigen, man setzte daher pleonastisch das synonyme
fors (hors) verstärkend zu que hinzu. Fors que ist also ursprünglich
die Verbindung der beiden Conjunctionen der Beschränkung zur ver-
stärkten conjunctionalen Darstellung derselben Beziehung. Wie das
einfache fors, so wurde auch fors que mit der Zeit als Präp. (aber nicht
ausschliesslich als solche, ebensowenig wie fors) aufgefasst. Ob es in
allen nachfolgenden Beispielen für das Sprachbewusstsein schon präp.

Kraft gehabt hat, lässt sich nicht entscheiden. — Seiner Bedeutung
nach war fors que synonym mit der einfachen Präp. fors, entsprach
also unserm ausser. — In den älteren Denkmälern der altfranz. Sprache
finden wir, wie sich nach obiger Auseinandersetzung denken lässt, die
Präposition fors que nicht.

Je ne quier plux en ma vie — de tous les biens ki i sont, —
fors que vostre amor, amie, Lais de Chev. 178, 9; que ja de moi n'en
porterés — fors que tant com vous li donrés; Bern. 281, 21; je cong-
nois tout fors que moy mesme, Fr. V. 440, 2; De tous poissons, forsque la tenche, . . . Rab. G. I, 39.

Mit dem 17. Jahrhundert hörte der präpositionale Gebrauch von
forsque auf.

c. Die präpositionale Verbindung fors de, hors de.

Dass in dieser Verbindung hors eigentlich Adverbium des Ortes
ist, beweisen folgende Beispiele: De la corbeille sailli hors, Fl. et Bl.
198, 6; l'ostel ne me gete fors — moi ne chaut s'on me met la hors,
Bern. 279, 5. — Die gewöhnlichste Bedeutung von fors de ist die
von foras, hinaus aus . . .; seltener kommt es vor in der Bedeutung
ausserhalb; noch seltener in der des einfachen fors als Präp. ausser,
ausgenommen.

Si esseit (exiit) foers de la civitate, Fragm. 5, 29; vint une voiz treis
feiz en la citet — hors del sacrarie par cumandement deu, V. d'Al.
24, 9; la met une pucele — hors de sein sa mamele, Ph. d. Th. 73, 30;
sunt issu fors de la lor contree, R. d'Al. 112, 25; e trestote fors de son sen
— court por son fil Asternaten, Troie, 163, 28; Renarz li a la langue
traite — bien demi pié fors de la geule, Ren. 230, 15; se departie
fors de la vile, Bern. 273, 26; — qe trente jors soient seur — et en
la vile et fors del mur, Troie 156, 8; Et si vos an mercieront, —
Que fors de grant peor seront, Chev. au lyon, v. 1864 (Ausg. Holland); — toutes les merveilles de l'ost — sont tout gas fors de che
caitif, . . . Al. Chart. 427, 7.

Einmal findet sich noch im Rolandsliede die einfache Präp. fors in
der Bedeutung hinaus aus: fors li ist le cervel, 36, 8.

Die Bedeutungen aus . . hinaus und ausserhalb hat hors de
beibehalten, sowohl in rein räumlichen Verhältnissen, als in übertrage-
nen Gebrauchsweisen. Beschränkend — synonym unserm ausser, ausgenommen — ist nur noch das einfache hors (siehe oben).

Hors de la ville, Ac. Hors d'ici, Ebd. Être hors de chez soi,
Ebd. Être hors de sa place, Ebd. Ils sont hors de table, Ebd. Un
domestique qui est hors de condition, Ebd. Être hors de la portée du
canon, Ebd. Il est hors de lui, und cela le met hors de lui, Ebd.
Cela est hors de raison, Ebd. Être hors de combat, und Mettre quelqu'un hors de combat: Ces deux phrases s'emploient au propre et au
figuré, Ac. Hors d'intrigue, hors de difficulté, hors de danger u. s. w.
Ac. Le Prince . . . . Périt hors de nos murs, au pied du mont byllène.
Soumet (Mätzner).

Uebrigens scheint sich die Umgangssprache wiederum der ältesten
Construction der Präp. foris zu nähern, indem sie statt des vorge-
schriebenen hors de für obige Beziehungen manchmal einfaches hors
setzt. Dans certaines façons de parler familières, on l'emploie (d.
h. hors) sans la particule de. Ainsi on dit, „Il est logé hors la bar-
rière." Ac.

Der formelhafte Ausdruck: mettre quelqu'un hors la loi gehört
nicht hierher, denn er bedeutet: Jemanden eigenmächtig verurtheilen
ohne das Gesetz, hors ist also einschränkend (envoyer au supplice sans
jugement, Ac.)

3. Hors als Conjunction.

Unter 2, a und 2, b ist nachgewiesen, wie fors und fors que als
Präp. der Beschränkung aus den entsprechenden Conjunctionen der
Beschränkung hervorgegangen sind. Es ist ferner darauf hingewiesen,
dass in manchen der angeführten Beispiele diese Formen vielleicht für
das Sprachbewusstsein noch mehr Conjunctionen, als Präp. waren.
Sowohl fors als fors que verblieben nun auch der Sprache als das,
was sie der Vulgärsprache ursprünglich gewesen sein müssen, als Conjunctionen, insofern sie vor nicht-substantivische Wörter treten können,
auch an die Spitze ganzer Sätze. — Uebrigens sind die conjunctional
gebrauchten Präp. eigentlich nie reine Conjunctionen gewesen, und
zwar gilt dies vom Altfranz. noch weit mehr wie vom Neufranz. Für
den Satz sind sie blosse Bindemittel; das Denken des Redenden setzt
aber den Inhalt des ihnen folgenden Satzes oder Begriffes, welcher Art
er auch sei, in eine Art Abhängigkeit von ihnen. — Dass fors und
fors que synonym sind, letzteres nur als eine durch Tautologie bewirkte
stärkere Hervorhebung des Begriffes des einfachen fors anzusehen ist,
ist oben gezeigt.

a. **Fors**: n'en pout el faire fors atendre, Brut 85, 24; En le forest est l'os cele nuit ostelee: il n'ont autres ostens fors cascuns le ramee, R. d'Al. 112, 19; fors moy engingnier, Chanson de Richard i d'Angleterre 187, 22; je ne m'en sai vengier fors au plourer, Chât. d. Concy 189, 23; n'aiment fors — quant talent leur prent, Chansons de Gaces Brulez 250, 38; amour est large de joie fors d'une, Al. Chart. 425, 1; tout nud fors des brayes, Perc. 462, 32.

Im Neufranz. kann hors als Conjunction nur noch zur Satzverbindung (hors que, siehe unten) und beim Infinitiv gebraucht werden. In letzterem Falle, in welchem, wie obige Beispiele darthun, das einfache fors stand (neben fors que), tritt zu diesem Wort jetzt immer de hinzu (siehe die Präp. beim Infinitiv). Hors de le battre, il ne pouvait le traiter plus mal. Ac.

b. **Fors que**: il ne fu fais fors que pour esgarder, H. d. B. 58, 39; fors que Guiborc li rova saluer, Ebd. 67, 26; qu'ele ne pooit depecier — fors que par un tot seul peril, C. d. G. 141, 9; si que ne pens a riens vivant — fors k'a la bele au cler vis, Motets 313, 28; fors que violette mieulx en flaire, Al. Chart. 427, 7.

Das neufranz. hors que dient nur noch dazu, einen Nebensatz mit seinem Hauptsatze zu verbinden. Il lui a fait toutes sortes de mauvais traitements, hors qu'il ne l'a pas battu. Ac.

Defors, Dehors. Die wesentliche Bedeutung von defors ist schon in seinen ältesten Vorkommnissen die Bedeutung „im Draussen", d. h. in dem Raume, welcher der Beziehung „ausserhalb" entspricht. Fors ist also in dieser Verbindung hinsichtlich seiner grammatischen Bedeutung substantivisch aufzufassen. Defors ist mithin eine auf dasselbe Princip zurückzuführende, begrifflich durchaus analoge Composition mit dedens, davant (devant), u. s. w. Wie de dazu gelangte, die betreffenden präpositionale Begriffe in der Weise zu modificiren, dass es die Idee des Raumes, der allseitigen Ausdehnung in dieselben hineinlegte, ist bei de und devant näher erörtert.

Anmerkung. Wenn wir neben defors (dehors) nicht auch ohne Begriffsunterschied de defors (de dehors) finden, so hat dies offenbar seinen Grund darin, dass sich in defors neben fors die Präp. de hinreichend deutlich als für sich bestehend zu erkennen gab, was bei devant, zumal'bei davant und dedens — einfaches vant und einfaches dens waren nicht vorhanden — nicht der Fall war. Der Redende legte mit Bewusstsein dem Begriffe des einfachen fors eine Modification bei, welche vermittelst der Präp. de bewirkt werden musste; nur die ungetrübte Präp. de konnte diese Modification ihrem Werthe gemäss empfinden lassen. In der Form defors (dehors) war de für das Auge wie für das Ohr deutlich genug ein neues Agregat zu fors (hors).

Was die Bedeutung von defors als Redetheil betrifft, so ist diese Form für das Altfranz. ganz ebenso zu beurtheilen, wie devant (siehe dieses). Man vergleiche später das Capitel: „Ueber den grammatischen Werth der im Altfranz. als Präp. gebrauchten Wortformen überhaupt."

Defors (Dehors) findet sich nun gebraucht:

1. Als Adverbium, entsprechend unserem „draussen," dem lateinischen foris, foras, aber mehr, als jedes dieser, den Ort, an welchen ein Gegenstand versetzt wird, als ausgedehnten Raum dem Denken vorführend.

Li rois, cui deus et ire atise -- remest dehors toz coreciez, G. d'Engl. 120, 31; moult m'angoixe et esmaie — se ne peirt defors, Chanson de Blondel de Neele, 187, 13; qui defors fu moult angoisseus; Ren. 226, 29.

Diesen adverbialen Gebrauch hat dehors im Neufranz. beibehalten, besonders in der Umgangssprache. Im guten Stile werden die betreffenden Beziehungen meistens durch au dehors ausgedrückt.

Je le croyais dedans, il est dehors. Ac. Il est allé dehors. Ebd. Il a mis son domestique dehors. Ebd. Mettre dehors un billet (Terme de commerce). Ebd. Ne pas savoir si l'on est dedans ou dehors. Ebd. Ce bâtiment va mettre dehors (in See stechen). Ebd. Toutes voiles dehors (alle Segel beigesetzt, Terme de Marine). Ebd.

Anmerkung. Zu beachten ist, dass das altfranz. demonstrative Ortsadverbium dehors auch als attributive Bestimmung gebraucht werden konnte, ohne in diesem Falle seine Natur als Adverbium aufzugeben. Zum richtigen Verständnisse dieser Verwendung von dehors brauchen wir nur unser eigenes Sprachgefühl in Hinsicht unsrer Muttersprache zu befragen. Auch wir gebrauchen unser „draussen" in analoger Weise: Der Mann draussen = der Mann, welcher ist (nicht die Copula „ist", sondern = sich befindet) draussen. Aehnlich verhält es sich mit dem englischen without.

En l'erbage defors sunt descendu a pié, Rom. d'Al. 109, 9; et la flors qu'est defors si est lor vesteure, Ebd. 114, 30; molt en ourent grant desconfort — et cil defors et cil dedens, Troie, 155, 25; et s'en vindrent en un bruiere dehors, Froiss. 405, 24.

2. Als Substantiv. Wie sehr die Zusammensetzungen von Präpositionen mit de, welches die Idee der räumlichen Ausdehnung

der jedesmaligen Beziehung der einfachen Präp. beilegte, zu einer absoluten Auffassung des Gesammtbegriffes und demgemäss zu einer substantivischen Verwendung sich eigneten, ist bei davant (devant) schon gezeigt. Da sie nicht reine Substantive sind, so haben sie nur dann satzlich volle substantivische Geltung, d. h. sie fordern nur dann die Verbindung des abhängigen Wortes vermittelst der Präp. de (den possessiven Genitiv), wenn ihre Natur als Substantive durch den Artikel nachdrücklich bestätigt ist. Besonders geläufig waren der Sprache stets die präpositionalen Verbindungen de dehors, en dehors, par dehors, au dehors. Da dehors als eigentliches Substantiv auch der neufranz. Sprache verblieb, so war damit das Fortbestehen dieser Ausdrucksweisen gesichert; auch hinsichtlich ihres Begriffes konnten sie keine Veränderung erleiden . . . . pense, k'il par defors ne soit ensi humles qu'il par dedenz en son cuer soit orguillous. St. B. 106, 7. — On lui cria de dehors. Ac. Venir de dehors. Ebd. La porte s'ouvre en dehors. Ebd. Cela avance trop en dehors. Ebd. Cette maison est belle par dehors. Ebd. Faire le tour par dehors. Ebd. Avoir, mettre la pointe des pieds en dehors. Ebd. Cette maison paraît belle par le dehors. Ebd. Le mal n'est qu'au dehors. Ebd.

Eine präpositionale Beziehung ist dargestellt durch diese Verbindungen in folgenden Beispielen. Il passa par dehors la ville. Ac. (On ne l'emploie ainsi que dans cette phrase et dans quelques autres semblables. Ebd.) — En dehors s'emploie quelquefois avec de: En dedans et en dehors de la ville. Ac. Tout ce qui est en dehors de cette ligne ne fait point partie de la France. Ebd.

Auch wird dehors noch jetzt als reines Substantiv gebraucht mit der Bedeutung: die Aussenseite. Cette maison paraît belle par ses dehors. Les dehors de cette ville sont bons. Ac. Il y a de beaux dehors, de bons dehors à cette place. Ebd. Il garde bien les dehors. Ebd. Ce sont des dehors trompeurs. Ebd.

3. Als Präposition. Als solche hatte dehors gegenüber hors (nach aussen, siehe oben) seinem Begriffe gemäss hauptsächlich die Beziehung „ausserhalb" darzustellen.

Defors sun cors veit gesir la buelle, Rol. 35, 37; defors la cité s'arestut, Brut 85, 25; u. s. w. In dieser Bedeutung wird dehors als Präp. angewandt bis auf Corneille und Molière, also bis in die Mitte des 17. Jahrhunderts hinein. Jetzt nur noch in wenigen herkömmlichen Wendungen: Les ennemis sont dedans et dehors la ville. Ac.

Anmerkung. Weshalb Bartsch die Formen fors und hors, ebenso defors und dehors in dem Glossar zu seiner Chrestomathie de l'ancien français getrennt aufführt, sogar letzterem eine andere Bedeutung beilegt, als defors, während er sonst die verschiedenen Formen desselben Wortes zusammenstellt, ist mir nicht recht klar. Diese Formen sind nicht zu trennen, auch nicht verschiedenen Dialecten zuzuschreiben; neben der Aspirate f wurde allgemein in der flüchtigen Rede schon in früher Zeit die blosse Aspiration vernommen und demgemäss bisweilen geschrieben, eine Erscheinung, welche an sich nichts Unnatürliches hat. Dass die ursprünglicheren Formen fors und defors bis in das 16. Jahrhundert die üblicheren waren, gilt vielleicht weniger für die gesprochene, als für die immerhin gemessenere, bedächtigere geschriebene Sprache.

Greifswald.   K. Boeddeker.

www.ingramcontent.com/pod-product-compliance
Lightning Source LLC
Chambersburg PA
CBHW021643270326
41931CB00008B/1151